ANITA HÖHNE
DR. LEONHARD HOCHENEGG

Zauberkraft Saft

*Frisch gepreßte
Obst-, Gemüse- und Kräutersäfte*

200 Rezepte
für Gesundheit und Schönheit

Originalausgabe

WILHELM HEYNE VERLAG
MÜNCHEN

HEYNE KOCHBUCH
07/4704

Trotz gewissenhafter Bearbeitung des Manuskripts und
sorgfältiger Herstellung dieses Buches lassen sich Fehler
nie mit letzter Sicherheit ausschließen.
Nach geltender Rechtsprechung muß jede Haftung
für Folgen die sich daraus ergeben können,
sowohl für den Verfasser als auch für den Verlag
abgelehnt werden.

Umwelthinweis:
Dieses Buch wurde auf chlor- und
säurefreiem Papier gedruckt.

6. Auflage

Copyright © 1997
by Wilhelm Heyne Verlag, München,
in der Verlagsgruppe Random House GmbH
Printed in Germany 2004
Umschlaggestaltung: Atelier Seidel, Neuötting
Umschlagfoto: Stockfood / Wolfgang Usbeck
Satz: Schaber Satz- und Datentechnik, Wels
Druck und Bindung: RMO-Druck, München

ISBN 3-453-12547-9

Inhalt

5

Abkürzungen und Erklärungen:

g   = Gramm
l   = Liter
ml   = Milliliter ($\frac{1}{1000}$ l = 1 g)
1 Tasse = $\frac{1}{8}$ l (1 normale Teetasse)

Einleitung

Saft – Zauberkraft

Obst- und Gemüsesäfte sind gesund, das weiß jeder. Wir denken dabei an Vitamine, an natürliche Ernährung. Aber wer weiß schon, daß sich Saftmischungen gezielt gegen so unterschiedliche Krankheiten wie Depressionen, Kopfschmerzen, Schlafstörungen oder Akne einsetzen lassen? Sie lindern Beschwerden und helfen sogar bei schweren Erkrankungen wie Morbus Crohn oder bei den Folgeerscheinungen von Diabetes oder Herzinfarkt.

Säfte sind Heilmittel und wichtig zur Stärkung des Immunsystems, also auch zur Vorbeugung. Sie sind aber genauso Zaubertränke für die Schönheit und wirken positiv auf Haut, Augen, Haare, Fingernägel und die Figur – eben auf alles, was Schönheit ausmacht. Doch es kommt auf die richtige Mischung an, auf die Nuancen der Zusammenstellung.

Für dieses Buch sammelte die Autorin Anita Höhne 200 ungewöhnliche und bisher unveröffentlichte Rezepte des Innsbrucker Mediziners Dr. Leonhard Hochenegg: Rezepte eines bemerkenswerten Arztes. Der »Wunderheiler von Tirol« – so wird Hochenegg auch schon in der internationalen Presse genannt – ist tatsächlich Facharzt für Neurologie und Psychiatrie. Er hat viele Jahre im Ausland gearbeitet und war Oberarzt an einem Innsbrucker Krankenhaus, bevor er sich entschloß, eigene Wege zu gehen. Er hatte als junger Mann auch Pharmakologie, also Arzneimittelkunde, studiert. Aber er lernte nicht

nur an der Universität: er ließ sich daneben von Tiroler Kräuter-
fachleuten ebenso wie von fernöstlichen Heilkundigen einwei-
sen in das von ihren Vorfahren übernommene Wissen. Schon
seit jeher heilten sie nicht nur mit Tees – es gehörten auch Säfte
in ihre Naturapotheke, aus Zutaten gepreßt, die in vielen Kü-
chen zu finden sind.

Hochenegg hat die Rezepte zusammengestellt, erprobt und
seine Erläuterungen hinzugefügt. Er verbindet alte Erfahrungen
der Kräuterkunde mit neuen medizinischen Erkenntnissen, die
bestätigen: In Säften stecken Zauberkräfte – mehr als wir bisher
ahnten! So wird das Buch auch zu einem anschaulichen, inter-
essanten Lehrbuch der Ernährung und zu einem praktischen
Gesundheitslexikon.

Vorbereiten und Pressen der Früchte und Gemüse

Am einfachsten funktioniert die Saftgewinnung natürlich mit
einem elektrischen Entsafter, dessen Anschaffung sich be-
stimmt lohnt, wenn man jeden Tag frisch gepreßten Saft trinken
möchte. In den meisten Fällen wird wohl ein kleineres Modell
genügen, in dem man etwa zwei Pfund Obst und Gemüse pro
Füllung verarbeiten kann. Hierbei wird das zerschnittene Obst
oder Gemüse in einen Einfüllschacht gegeben, worunter eine
Raspel kreist, die das Fruchtfleisch zerkleinert und den Saft
durch Siebe schleudert. Die Rückstände wandern in einen Korb.
Nach etwa vier bis fünf gewonnenen Gläsern voll Zaubersaft
muß der Korb geleert werden – erst danach kommt eine neue
Füllung dran.
Ein größeres Gerät schafft etwa sechs Pfund Gemüse oder Obst
auf einmal; es ist eine Zentrifuge, die die Fruchtrückstände

durch eine eigene Öffnung in einen Behälter preßt. Abgesehen von dem Lärm, den sie verursacht, verbraucht sie auch noch mehr Energie. Übrigens eignen sich Beeren generell nicht so gut für Entsafter, da sie durch ihren Pektingehalt die Siebe verstopfen. Sie sollten besser mit einem Mixstab zerkleinert und den Saftmischungen samt ihren wertvollen Ballaststoffen zugefügt werden.

Zunächst alle Früchte gründlich waschen. Steinobst wird entkernt und in zwei Teile geschnitten, Kernobst halbiert oder geviertelt und vom Kern befreit. Gemüse gut waschen, mit einer Bürste abschruppen, von Wurzeln und harten Strünken befreien und in Stücke oder – etwa Weißkohl – in breite Streifen schneiden. Spargel braucht nur gewaschen und in Stücke geschnitten zu werden. Ingwerwurzeln sollte man dünn schälen und in Scheibchen schneiden. Kräuter gut waschen und trockenschütteln. Weiches Blattgemüse wie z. B. Spinat mit Gefühl nachschieben, damit die Raspel nicht verstopft. Es ist ohnehin am besten, nach Blättern wieder etwas Festeres wie etwa Karotten oder Äpfel dranzunehmen. Auf diese Weise wird der Entsafter sozusagen gereinigt und arbeitet danach wieder mit voller Kraft.

Zitrusfrüchte werden am besten in einer speziellen Zitruspresse entsaftet. Auf diese Weise brauchen die Früchte nicht geschält zu werden. Exotische Früchte müssen je nach Beschaffenheit der Schale ausgelöst oder geschält werden oder wandern – wie unser heimisches Obst – direkt mit der dünnen Haut, unter der sich ja die meisten kostbaren Inhaltsstoffe verbergen, in den Entsafter.

Bei der Verarbeitung von vielen verschiedenen Zutaten ist es sicher einfacher, den Mischsaft für den ganzen Tag auf einmal zuzubereiten. In solch einem Fall kann der restliche Saft in einem geschlossenen Glasbehälter im Kühlschrank aufbewahrt werden. Grundsätzlich ist es jedoch besser, den Saft jeweils frisch zu pressen, insbesondere bei den Rezepten, wo dies ausdrücklich verlangt wird.

Hinweis

Da die im Buch erwähnten Mangelerscheinungen nur durch eine Laboruntersuchung festgestellt werden können, ist die Konsultierung eines Arztes unerläßlich.

Saftkuren für Gesundheit und Fitneß

Akne

Akne kann vor allem Jugendliche in große Not bringen. Die Qual, mit einem »Streuselgesicht« Mitschülern und Freunden begegnen zu müssen, wird oft als unerträglich empfunden. Denn auf der entzündeten Haut bilden sich meist Eiterpusteln, die schon bei dem Betroffenen selbst Ekelgefühle hervorrufen.

Medizinisch gesehen können bei entzündeten Talgdrüsen Bakterien längs der Haarfollikel in die Unterhaut eindringen. Bisweilen hinterläßt die Akne eine optisch unschöne Narbenlandschaft. Breite Teile der Hautoberfläche erscheinen rauh und uneben.

Bei der Akne kommt der Ernährung immense Bedeutung zu. So tritt Akne bei Naturvölkern erst dann auf, wenn westliche Lebensgewohnheiten mit Cola, Pommes frites und Schweinebraten übernommen wurden. Für die betroffenen Jugendlichen bedeutet das, einen möglichst weiten Bogen um Fastfood-Restaurants zu machen.

Zur Ausheilung von Akne empfiehlt es sich, täglich frisch gepreßte Gemüsesäfte zu trinken. Eine besonders wirksame Mischung besteht aus:

300 g Karotten
200 g Kohl
100 g Petersilie

Die mit einem Entsafter gewonnene Mixtur sollte über den Tag verteilt getrunken werden.

11

Wenn die Akne vor allem <u>Gesicht</u> und <u>Schultern</u> betrifft, empfiehlt es sich, folgende Mischung über den Tag verteilt zu trinken:

300 g Spinat
200 g Kohl
250 g rote Rüben

Wurde die Akne durch einen <u>Selenmangel</u> hervorgerufen, was durch eine Laboruntersuchung festgestellt werden kann, entsaftet man:

400 g Orangen
100 g Karotten
1 kleine Zehe Knoblauch

Dieser Saft ist besonders reich an Selen. Sobald die Haut genügend Selen aufgenommen hat, ist sie vor den Bakterien, die die Akne hervorrufen, weitgehend geschützt.

Wurde die Akne durch <u>Vitamin-E-Mangel</u> hervorgerufen, sollte täglich frisch gepreßter Saft aus folgenden Gemüsesorten getrunken werden:

300 g Karotten
200 g Spargel
150 g frische Spinatblätter

Diese Mischung über den Tag verteilt einnehmen.

Wenn ein <u>Zinkmangel</u> besteht, empfiehlt es sich, täglich 150 ml des folgenden frisch gepreßten Saftes zu trinken:

3 cm Ingwerwurzel
100 g Petersilie
200 g Karotten
150 g Äpfel

Ist die Akne mit einer Rötung der Haut und einer Entzündung der Oberflächen verbunden, sollte dreimal täglich folgender Mischsaft konsumiert werden:

10 Karotten
3 Äpfel
2 cm Ingwerwurzel

Durch diesen Saft verringert sich die Entzündungsbereitschaft der Haut. Sie wird widerstandsfähiger, und die Akne heilt langsam – innerhalb von zwei bis drei Wochen – vollkommen aus.

Hier eine Saftmischung zur <u>besseren Durchblutung</u> der Haut und zur <u>Aknevorbeugung:</u>

1 Ananas
½ Gurke
2 Äpfel

Dreimal täglich schluckweise trinken. Die Haut wird besser durchblutet, es kommt zu einem jugendlichen Aussehen und die Akne bildet sich innerhalb von zwei bis drei Wochen langsam zurück.

Bei Akne durch <u>Calciummangel</u> ist diese Mischung anzuraten:

5 Kohlblätter
100 g Petersilie
10 Karotten
1 Apfel

Den Saft über den Tag verteilt trinken.

Bei Akne durch <u>Vitamin-C-Mangel</u> hilft folgende Mischung:

2 große Kohlblätter
3 Äpfel
1 Grapefruit ohne Schale

entsaften, über den Tag verteilt schluckweise trinken. Wenn der Körper ausreichend mit natürlichem Vitamin C versorgt wird, ist die Haut so widerstandsfähig, daß Bakterien, die die Akne auslösen, an einer Verbreitung gehindert werden.

Generell zur <u>Nachbehandlung</u> ist folgende Mischung ratsam:

3 Äpfel
10 Karotten
3 entkernte Pfirsiche

Dreimal täglich in kleinen Schlucken trinken. Dadurch bekommt die Haut einen schönen, samtartigen Glanz, ein gesundes Aussehen und die Talgdrüsen regenerieren sich.

Altersschwäche

Nun ja, man ist eben nicht mehr der Jüngste, versucht sich mancher selber zu beruhigen, wenn die ersten Zipperlein auftreten. Auf den Hinweis, daß eine Altersschwäche vorliegen könnte, reagiert der Betroffene nicht selten recht heftig. Aber es ist nun einmal eine Tatsache, daß sich hinter der Bezeichnung Altersschwäche oft ernsthafte Erkrankungen wie z. B. Herzschwäche, Immun- und Verdauungsschwäche sowie Nachlassen der Seh- und Hörorgane verbergen. Als Ursache für Altersschwäche sind in erster Linie Ernährungsfaktoren verantwortlich. Nachdem die mitteleuropäische Nahrung reich an raffinierten Kohlehydraten, gesättigten Fetten und cholesterinhaltigen Nahrungsmitteln, jedoch arm an Gemüse, Obst und Vollwertprodukten ist, kann durch eine entsprechende Ernährungsumstellung ein großes Spektrum altersbedingter Erkrankungen günstig beeinflußt werden.

14

Es sollte so viel rohes Obst und Gemüse gegessen werden, wie der Körper verträgt. Bei Schwierigkeiten, Äpfel und Karotten zu essen, sollte der Saft frisch gepreßt verwendet werden. Besonders wichtig ist der tägliche Verzehr von mindestens 100 g Leinsamen, Hafer oder Reiskleie.

Zur <u>Vermeidung von Altersbeschwerden</u> sollte jeden Tag der Saft von

3 Äpfeln und
100 g schwarzen Johannisbeeren

getrunken werden. Schwarze Johannisbeeren enthalten nämlich Bioflavonoide, die den Zellstoffwechsel aktivieren, wodurch Alterungsprozesse gebremst werden.

Zur Vermeidung von Altersbeschwerden sind auch Kohl, Ingwer und der Saft roter Bete empfehlenswert. Eine Tagesration sieht dreimal 100 ml vor. Anstelle von Kochsalz sollte Kräutersalz, das Thymian, Lavendel, Magnesium und Kaliumsalze enthält, verwendet werden. So kann zum Beispiel Thymian die Anfälligkeit gegenüber Alterskrankheiten verringern.

Säfte, die den Alterungsvorgang verzögern

Bei einem <u>Vitamin-C-Mangel</u> ist es vorteilhaft, folgende Säftemischung zu trinken:

100 g Petersilie
200 g grüne Paprikaschote
150 g Broccoli
5 Blätter Grünkohl

Der Saft sollte dreimal täglich vor den Mahlzeiten eingenommen werden.

Wenn im Alter <u>Vitamin-E-Mangel</u> besteht, ist folgender Saft ratsam:

10 Blätter Spinat
10 Stangen Spargel
400 g Karotten

Vor den Mahlzeiten ein Glas dieses Saftes trinken.

Besteht bei Altersbeschwerden ein <u>Selenmangel</u> (kann durch eine Laboruntersuchung festgestellt werden), ist folgender Saft zu konsumieren:

100 g Mangold
150 g Karotten
3 Knoblauchzehen

Den Saft dreimal täglich vor den Mahlzeiten trinken.

Um die <u>Seh- und Hörfähigkeit</u> zu erhalten, eignet sich besonders folgende Mischung:

500 g Karotten
250 g Grünkohl
50 g Petersilie
200 g Spinat

Dieser Saft sollte frisch gepreßt über den Tag verteilt getrunken werden.

Um die <u>Herz- und Kreislauffunktionen</u> aufrecht zu erhalten und einem Altersherz vorzubeugen, wird folgender Saft empfohlen:

10 Aprikosen
100 g schwarze Johannisbeeren
50 g Brombeeren
3 Grapefruits

frisch zubereiten und jeweils ein Glas vor dem Essen trinken.

Bei schlechter Verdauung kann dieser Saft helfen:

3 Papayas
100 g Petersilie
100 g Pflaumen
1 Honigmelone

Vor jeder Mahlzeit ein Glas dieser Saftmischung trinken.

Der Alterungsprozeß der Haut wird durch folgende Mischung verzögert:

200 g Spinatblätter
10 Karotten
3 Äpfel

Ein großes Glas täglich vor dem Essen trinken. Nach etwa zwei bis drei Wochen wird die Haut glatter, das Aussehen verjüngt sich und das Allgemeinbefinden verbessert sich zusehends.

Kommt es im Alter zu Verdauungsstörungen, ist folgende Mischung ratsam:

2 cm Ingwerwurzel
200 g rote Bete
2 Äpfel
8 Karotten

Täglich drei Gläser vor dem Essen trinken. Damit werden die Verdauungsvorgänge angeregt, die Leber entgiftet, das Aussehen verbessert und die Leistungsfähigkeit erhöht.

Alzheimer-Erkrankung

Wer in seiner Familie einen Fall von Alzheimer zu betreuen hat, weiß nur zu genau, welche Belastung ein solcher Patient für das gesamte Zusammenleben bedeutet. Denn unter dieser Krankheitsbezeichnung ist eine bestimmte Form des körperlichen und geistigen Verfalls zu verstehen, der durch sich rückbildende Gehirnvorgänge ausgelöst wird. Bei dieser Erkrankung gibt es zwei Formen, nämlich den vorzeitigen Geistesabbau, worunter man eine Gedächtnis- und Gehirnleistungsschwäche versteht, die bereits zwischen dem 40. und 50. Lebensjahr auftritt.

Die echte Alzheimer Geistesschwäche tritt dagegen erst im Alter von über 70 Jahren auf. Charakteristische Symptome sind: Gedächtnisschwäche, Störungen des Kurz- und Langzeitgedächtnisses, verringerte Kontrolle über Gefühle.

Es kommt in bestimmten Fällen zu zwanghaften Lachanfällen oder unerklärlichem Weinen. Weitere Persönlichkeitsveränderungen sind zu beobachten: Sparsame werden geizig, Vorsichtige paranoid und Sorglose extrem gleichgültig. Die Wahrnehmung von Zeit und Raum ist gestört. Auf die Frage nach dem gegenwärtigen Datum erhält man oft als Antwort das Geburtsdatum. Schließlich wird auch das Geburtsdatum fehlerhaft angegeben.

Zur <u>Vorbeugung</u> gegen die Alzheimersche Erkrankung eignen sich insbesondere folgende Gemüsesorten:

100 g Petersilie
100 g Spinat
300 g Karotten
3 Stangen Sellerie

Der Saft sollte vor den Mahlzeiten schluckweise getrunken werden.

Bei beginnenden Gedächtnisstörungen ist folgende Mischung zu empfehlen:

100 g Brunnenkresse
10 Karotten
3 Stangen Sellerie
1 Fenchelknolle
2 Äpfel

entsaften, täglich ein Glas vor dem Essen trinken. Nach etwa zwei bis drei Wochen hat sich das Kurzzeitgedächtnis verbessert, die Schwerbesinnlichkeit nimmt ab und einer Alzheimerschen Erkrankung kann somit vorgebeugt werden.

Bei Gedächtnis- und körperlicher Schwäche sollte dieser Saft getrunken werden:

2 cm Ingwerwurzel
1 rote Bete (ca. 150 g)
2 Äpfel
6 Karotten

entsaften, schluckweise vor den Mahlzeiten einnehmen. Der regelmäßig getrunkene Saft steigert die körperliche Leistungsfähigkeit, das Gedächtnis wird aktiviert und das Kurzzeitgedächtnis wieder aufnahmebereit.

Gemüsemischung bei Gedächtnis-, körperlicher und Verdauungsschwäche:

50 g Petersilie
6 Karotten
2 Knoblauchzehen
2 Stangen Sellerie

entsaften, ein Glas vor den Mahlzeiten trinken. Innerhalb von drei bis vier Wochen regeneriert sich der Körper, das Gedächt-

nis wird frisch, das Aussehen verjüngt sich und die Leistungsfähigkeit nimmt zu.

Angina

Nicht selten wird eine Angina als eine etwas unangenehmere
Erkältung abgetan. Das kann die Gesundheit ruinierende Folgen haben. Denn jede Angina wird durch Bakterien oder Viren
verursacht, die bei einer – und das ist entscheidend – Abwehr-
schwäche in die Halsorgane eindringen. Es kommt zu einem
Abwehrkampf zwischen den Krankheitserregern und den Blut-
zellen. Dabei entsteht meistens eine Rötung oder Schwellung
des Racheneingangs, der Rachenmandeln, des Kehlkopfes und
des Schlundes. Je schlechter die Abwehrfähigkeit des Körpers,
desto tiefer können die Krankheitserreger eindringen. Eine Angina ist immer ein Zeichen, daß der Körper nicht genug Widerstandsfähigkeit besitzt.

Gegen Angina wirkt am besten eine Mischung aus

100 g Ananassaft
100 g Papayasaft
100 g Mangosaft

Der frisch gepreßte Saft aus diesen Pflanzen sollte vor jeder
Mahlzeit getrunken werden. Dadurch ergibt sich eine Abwehr-
steigerung und das Immunsystem wird gestärkt.

Treten Schmerzen beim Schlucken auf, empfiehlt es sich, folgenden Saft zu trinken:

300 g Karotten
1 Knoblauchzehe

Wenn vor den Mahlzeiten jeweils 100 ml getrunken werden, ergibt sich ein natürlicher antibiotischer Effekt und die Schluckbeschwerden lassen bald nach. Bei starker Schluckbehinderung und einer Rötung der Rachenmandeln ist es außerdem ratsam, den *Saft einer halben Zitrone in einem Glas Wasser mit Honig gesüßt* zu trinken.

Sollte bei der Angina <u>Fieber</u> auftreten, können

50 g Pfefferminze
2 cm Ingwerwurzel
5 Karotten
1 Apfel
1 Orange

im Entsafter gepreßt werden. Die Saftmenge kann man mit Wasser verdünnen. Dann trinkt man über den Tag verteilt stündlich 100 ml dieser wohlschmeckenden Mischung. Am dritten oder vierten Tag wird das Fieber nachlassen und die Rötung im Rachenraum spurlos vergehen.

Zur <u>Nachbehandlung</u> sollte folgende Mischung getrunken werden:

1 Knoblauchzehe
6 Karotten
1 Stange Sellerie
5 Bärlauchblätter
3 Spinatblätter

Dieser Saft ist dreimal täglich zu je 100 ml vor den Mahlzeiten einzunehmen.

Arteriosklerose

»Ich möchte unter keinen Umständen ein Pflegefall werden. Ich will nicht hilflos auf andere angewiesen sein, selbst wenn es die nächsten Verwandten sind.« Das ist oft von Patienten zu hören, bei denen sich die ersten Anzeichen einer Arteriosklerose, wie vorübergehende Seh- und Durchblutungsstörungen, manifestiert haben.

Bei der Arteriosklerose kommt es meist zu einer Verhärtung und Verengung der feinen Blutgefäße, die zum Gehirn führen. Um ein Fortschreiten der Krankheit zu verhindern, sollte mindestens viermal in der Woche eine halbe Stunde Sport getrieben werden. Genußmittel wie Kaffee, Tee und Alkohol sind auf ein Minimum zu beschränken. Streß, hektische Lebensweise, Zeitdruck oder zuviel Ehrgeiz können geradezu wie Gift wirken. Erhebliche Risikofaktoren sind Rauchen, Migräne sowie eine unbehandelte oder schlecht eingestellte Zuckerkrankheit. Im ausgeprägten Stadium führt die Arteriosklerose zu Gedächtnisausfall oder Schlaganfall.

Saftkombinationen, die einer Arteriosklerose vorbeugen

10 Spinatblätter
2 grüne Paprikaschoten
2 Kiwis

entsaften, vor den Mahlzeiten trinken. Dieser Saft ist besonders reich an Vitamin B_1, B_6 und C.

Einen Saft, der reich an Vitamin C und Spurenelementen ist, erhält man durch Pressen von

50 g Petersilie
2 roten Paprikaschoten

22

2 Äpfeln
1 kleinen Zwiebel
2 Broccoliröschen

Dreimal täglich eine Tasse vor dem Essen trinken.

Einen Saft, der <u>reich an Vitamin E</u> ist, erhält man durch das Pressen von:

20 Spinatblättern
10 Stangen Spargel
5 Karotten
1 Knoblauchzehe

Der scharfe, aber wohlschmeckende Saft sollte dreimal täglich vor dem Essen getrunken werden.

Bei einem <u>Calciummangel</u> sind täglich saure Milchprodukte wie Kefir, Joghurt oder Molke zu trinken. Calciumreiche Pflanzen wie Grünkohl, Kohlblätter, Steckrübenblätter, Petersilie, Brunnenkresse und Mangold können einer drohenden Arteriosklerose vorbeugen.

<u>Kupferreich</u> sind folgende Pflanzen, die zusammen gepreßt werden sollten:

10 Karotten
3 Knoblauchzehen
4 cm Ingwerwurzel
1 Papaya

Dreimal täglich vor dem Essen trinken.

Bei einem zu niedrigen Magnesiumspiegel sollte folgende Gemüsekombination als Saft getrunken werden:

200 g rote Bete
10 Spinatblätter
1 Bund Petersilie
3 Knoblauchzehen

Dreimal täglich vor dem Essen eine Tasse genügt, um den Magnesiumspiegel auf ein normales Niveau zu bringen.

Bei beginnender Arteriosklerose mit Vergeßlichkeit empfiehlt es sich, folgende Saftmischung zu trinken:

3 cm Ingwerwurzel
10 Karotten
2 Äpfel
1 Knoblauchzehe

Vor den Mahlzeiten eine Tasse dieses scharfen, aber trotzdem wohlschmeckenden Saftes zu sich nehmen. Innerhalb von drei bis vier Wochen stellt sich der erste Erfolg ein und das Gedächtnis wird frischer. Die arteriosklerotischen Ablagerungen in den Gehirngefäßen lösen sich langsam auf.

Bei arteriosklerotischen Veränderungen mit Schwerbesinnlichkeit, Vergeßlichkeit, Ungeschicklichkeit und Orientierungsstörungen ist folgender Saft ratsam:

5 Kohlblätter
20 g Schnittlauch
30 g Brunnenkresse
10 Karotten
1 Knoblauchzehe

entsaften, sechs Wochen hindurch dreimal täglich ein Glas vor den Mahlzeiten einnehmen. Danach sollte untersucht werden, ob die verstopften Arterien durchgängiger geworden sind.

Bei Schwerbesinnlichkeit, verschlechterter Merkfähigkeit, schlechtem Kurzzeitgedächtnis und zeitlicher Desorientierung empfiehlt es sich, folgenden Gemüsetrunk regelmäßig drei bis vier Monate lang zu konsumieren:

2 Knoblauchzehen
3 Broccoliröschen
10 Karotten
100 g Stangensellerie
3 Äpfel
1 rote Paprikaschote

Vor den Mahlzeiten mindestens eine Menge von 250 ml täglich trinken, um eine optimale Wirkung zu erreichen. Durch psychologische Testmethoden kann der Erfolg dieser Therapie nachgewiesen werden.

Wenn das Natrium-Kalium-Gleichgewicht gestört ist und die Gefahr einer Arteriosklerose droht, empfiehlt es sich, folgende Mischung zu verwenden:

300 g Bärlauch
200 g Spinat
300 g Karotten
200 g Stangensellerie
1 Knoblauchzehe

Fünf bis sechs Tassen täglich trinken. Durch diese Saftmischung wird die Gehirndurchblutung gefördert. Um eine Besserung von psychoorganischen Ausfällen, wie z. B. Gedächtnisstörungen zu erreichen, muß dieser Gemüsecocktail mindestens ein halbes Jahr lang regelmäßig getrunken werden, um einen optimalen Effekt zu erzielen.

Bei vorübergehenden <u>Durchblutungsstörungen</u> in Armen und Beinen kann zur Vorbeugung eines Schlaganfalls folgende Säftemischung getrunken werden:

1 Ananas
2 Äpfel
1 Papaya
5 Karotten

entsaften, vor jeder Mahlzeit ein Glas der Mixtur zu sich nehmen. Durch diesen Saft können fast alle Risikofaktoren eines Schlaganfalls korrigiert werden.

Wenn durch eine <u>verminderte Gehirndurchblutung</u> Bewegungs- und Koordinationsstörungen (Ataxie) auftreten, ist folgender Gemüsesaft regelmäßig zu trinken:

3 Stangen frischer Spargel
10 Karotten
10 Spinatblätter
1 kleine rohe Kartoffel
1 grüne Paprikaschote
50 g Brunnenkresse

entsaften, mindestens ein halbes Jahr lang regelmäßig vor den Mahlzeiten trinken. Dadurch können sich auch hartnäckige neurologische Ausfälle langsam zurückbilden.

Asthma

Todesangst steht diesen Patienten ins Gesicht geschrieben, wenn sie wieder einen asthmatischen Anfall erleiden. Extreme Atemnot, Husten und Schleimabsonderungen sind die typischen Kennzeichen für Asthma. Das Ausatmen ist laut und keuchend. In den Lungen entstehen Rasselgeräusche, Pfeifen und Brummen. Die Ursache sind Verkrampfungen der bronchialen Muskulatur, die oft durch allergieauslösende Stoffe hervorgerufen werden. Es gibt aber auch eine Form von Asthma, bei der allergologisch keine Besonderheiten entdeckt werden. Auch Streß, Unruhe und Nervosität können Asthmaanfälle auslösen.

Bei Asthma hat sich folgender Saft gut bewährt:

10 Blätter Spinat
10 Karotten
1 kleine Zwiebel
2 Knoblauchzehen

entsaften, vor den Mahlzeiten je eine normale Teetasse voll trinken. Wem der Geschmack zu scharf ist, der kann mit Honig süßen, was einen weiteren schleimlösenden Effekt hat.

Wenn bei Asthma der Hustenreiz im Vordergrund steht, sollte folgende Mischung getrunken werden:

20 g Petersilie
10 Karotten
100 g Stangensellerie
2 Äpfel
1 kleine Zwiebel

entsaften, vor den Mahlzeiten trinken. Der Erfolg stellt sich nach zwei bis drei Wochen ein. Zugleich wird das wichtige Natrium-Kalium-Gleichgewicht reguliert.

Treten beim Asthma <u>Erstickungsanfälle</u> auf, so empfiehlt es sich, folgende Mischung einzunehmen:

50 g Petersilie
10 Karotten
150 g Stangensellerie
1 kleiner Apfel
1 kleine Zwiebel

entsaften, vor den Mahlzeiten je eine Tasse trinken. Durch diesen Trunk wird das Abhusten erleichtert, die krampfartigen Atembeschwerden lassen nach, das Ausatmen wird gelöster und die Sauerstoffaufnahme im Körper gefördert.

Bei Asthma mit <u>pfeifenden Atemgeräuschen</u> wirkt diese Mischung heilend:

5 Broccoliröschen
3 Knoblauchzehen
10 mittelgroße Karotten
1 Schote Cayennepfeffer
2 Äpfel
2 mittelgroße rote Bete

Von dieser wohlschmeckenden Saftkombination trinkt man über den Tag verteilt vier bis fünf Gläser. Dadurch wird das Abhusten erleichtert, die bakterielle Besiedelung in den Bronchien nimmt ab, die Sauerstoffnot wird verringert und das Wohlbefinden gesteigert.

Bandscheibenleiden

Der 37jährige Kaufmann kam gutgelaunt aus dem Urlaub zurück. Alles hatte gestimmt, das Wetter, das Hotel und die Verpflegung. Der Kaufmann, sonst eher kritisch, war sicher, daß ihn dieses Ferienparadies im nächsten Jahr wiedersehen würde. Seine euphorische Stimmung fand aber ein jähes Ende, als er den schweren Koffer aus seinem Wagen hieven wollte. Ein stechender Schmerz ließ ihn erstarren.

Der 37jährige erblaßte unter seiner Urlaubsbräune. Er hatte sich mit einer ungeschickten Bewegung die Wirbelsäule verrissen. Dadurch entstehen bohrende Schmerzen, die nach allen Seiten ausstrahlen. Sie sind so heftig, daß sie alle Bewegungen blockieren. Der Betroffene kann sich nicht einmal im Bett aufrichten, die ersten Schritte am Morgen tun besonders weh, Bücken, Strecken und Beugen ist nur mehr unter schrecklichen Qualen möglich. Nach ein paar Tagen kommt es zu Ausstrahlungsschmerzen in der Region der angegriffenen Nervenwurzeln.

Besonders stark und heftig können die Schmerzen bei ungewohnten Bewegungen, beim Stuhlgang, beim Husten, Niesen oder auch beim Treppensteigen sein. Schließlich verspannen sich bestimmte Wirbelsäulenabschnitte. Nach ein bis zwei Wochen sind neurologische Ausfälle im Versorgungsgebiet des entsprechenden Nervenastes zu beobachten. Reflexe fallen aus, die Oberflächenempfindsamkeit ist gestört und die Muskelkraft kann sich verringern. Manchmal kommt es auch zu einer Fußhebeschwäche, so daß beim Treppensteigen ein Fuß hängenbleibt, weil das Bein nicht genug angehoben werden kann.

Bei Bandscheibenvorfällen (Discopathien) besteht oft eine längere Vorgeschichte mit Rückenschmerzen, Hexenschuß und Bewegungsstörungen. Manchmal ist der Rücken völlig blockiert und keine Bewegung nach vorne oder hinten mehr möglich. Der Bandscheibenvorfall verursacht Schmerzen beim Husten oder Pressen. Die Schmerzen strahlen auch in das Bein aus, es kommt zu einer deutlichen Sensibilitätsstörung. Das betroffene Bein ist meist schwächer als das andere. In ganz bestimmten Fällen sind auch Beschwerden beim Wasserlassen oder beim Stuhlgang festzustellen. Kommt es zu einer Blasenlähmung, ist eine Operation der Diskusvorfälle meistens nicht mehr zu vermeiden. Eine weitere Notwendigkeit zu einem Eingriff besteht dann, wenn das Bein nicht mehr gehoben werden kann und wenn der Zehen- oder Fersengang nicht mehr möglich ist.

Wenn der Bandscheibenvorfall mit <u>starken Schmerzen</u> verbunden ist, sollte folgende Saftmischung getrunken werden:

1 Zuckermelone
3 Okraschoten
20 Karotten
1 Kakifrucht
3 Golden-Delicious-Äpfel

Von dieser Mischung nimmt man dreimal 250 ml täglich jeweils vor den Mahlzeiten ein. Der Saft ist kaliumreich, natriumarm, und Magnesium kommt in ausreichender Dosierung vor, um schmerzhafte Muskelverspannungen lösen zu können.

Strahlen die <u>Schmerzen bis zur Kniekehle</u> oder gar bis zur Ferse aus, ist folgende Saftmischung anzuraten:

100 g Rapunzelsalat
10 Blätter Endiviensalat
15 Karotten
3 Broccoliröschen
3 Golden-Delicious-Äpfel

Dreimal 200 ml vor den Mahlzeiten trinken. Wenn die Rückenschmerzen auch über Nacht auftreten, sollte kurz vor dem

Schlafengehen noch einmal ein Viertelliter dieser Mischung eingenommen werden, um Schmerzattacken zu verhindern.

Ist neben den Rückenschmerzen auch eine Fußhebeschwäche vorhanden, kann diese Mixtur helfen:

3 cm Ingwerwurzel
5 Boskopäpfel
2 Knoblauchzehen
2 Okraschoten
5 Mangoldblätter

Dreimal 200 ml kurz vor den Mahlzeiten einnehmen. Dadurch wird der Körper entwässert, ohne daß das physiologische Ausmaß der Entwässerung überschritten wird. Zusätzlich hat diese Saftmischung einen entzündungshemmenden Effekt. Nach vier bis sechs Wochen können sich die neurologischen Ausfälle deutlich zurückbilden. Auch die Sensibilitätsstörungen lassen eine leichte Rückbildungstendenz erkennen.

Ist bei einem Bandscheibenschaden die Beweglichkeit der Wirbelsäule stark eingeschränkt, empfiehlt es sich, folgende Saftmischung zu trinken:

10 Kohlblätter
5 Blätter Romana-Salat
100 g Brunnenkresse
100 g Alfalfasprossen
3 Stangen Sellerie

Von dieser Saftmischung nimmt man vor den Mahlzeiten jeweils 250 ml ein. Auf diese Weise lassen sich auch hartnäckige Bandscheibenschäden günstig beeinflussen. Die erwähnte Mischung wirkt entzündungshemmend, wassertreibend, gewebeabschwellend und bis zu einem bestimmten Bereich auch schmerzstillend.

Sind die Rückenschmerzen mit seelischen Problemen verbunden oder wirkt sich Streß verspannend auf die Rückenmuskulatur aus, ist diese Mixtur einzunehmen:

3 Golden-Delicious-Äpfel
4 cm Ingwerwurzel
3 Maracujas
2 Kakifrüchte
1 Honigmelone

Davon täglich dreimal 250 ml kurz vor den Mahlzeiten konsumieren. Ein gestörtes Natrium-Kalium-Gleichgewicht wird damit korrigiert und fehlendes Magnesium zugeführt. Die Neigung zu hartnäckigen Schmerzen verringert sich. Diese Saftkombination wirkt leicht stimmungsaufhellend und schließt somit eine Ursache der Rückenschmerzen aus.

Bei Rückenschmerzen, die sich meist bei kaltem Wetter, bei Nässe, Feuchtigkeit und Wetterwechsel verstärken, ist folgende Saftmischung erfolgreich:

15 Karotten
3 cm Ingwerwurzel
3 Stangen Sellerie
1 Honigmelone

Von diesem Mischsaft sollten dreimal täglich vor den Mahlzeiten 250 ml getrunken werden. Innerhalb von zwei bis drei Wochen gehen die Rückenschmerzen deutlich zurück. Nach ungefähr zwei- bis dreimonatiger Anwendungszeit treten die Rückenschmerzen nur mehr selten auf, um nach einem halben Jahr meist völlig zu verschwinden.

Blasenentzündungen

Wer kennt sie nicht, die plötzlich auftretenden Schmerzen beim Wasserlassen. Es ist, als würde ein Messer in den Unterleib gestoßen. Ursache ist meist eine Blasenentzündung, die durch Bakterien oder Viren hervorgerufen wurde. Die Bakterien können durch die Genitalien eindringen, in die Blase aufsteigen und sich dort unter geeigneten Bedingungen vermehren. Bei Frauen entzündet sich die Harnblase besonders häufig, da die Harnröhre relativ kurz ist.

Jede Harnblasenentzündung, die mit Fieber verbunden ist, sollte durch entsprechende Antibiotika fachärztlich behandelt werden. Wird keine Abhilfe geschaffen, können durch aufsteigende Infektionen Nierenbeckenentzündungen entstehen.

Dreimal pro Tag sollte folgende Mischung getrunken werden:

10 Karotten
200 g Preiselbeeren
3 Äpfel

entsaften, vor den Mahlzeiten jeweils 250 ml einnehmen.

Bei Blasenentzündungen mit Fieber hat sich folgende Mischung bewährt:

20 Karotten
3 rote Bete
2 Knoblauchzehen
1 kleine Zwiebel

Dieser Saft sollte mehrmals täglich vor den Mahlzeiten getrunken werden. Durch die ätherischen Öle des Knoblauchs wird das Bakterienwachstum in der Blase eingeschränkt, bzw. verhindert, so daß die Blaseninfektion innerhalb kurzer Zeit zum Stillstand kommt.

Bei häufigem Drang, Wasser zu lassen, wobei oft nur kleine Mengen Urin ausgeschieden werden, ist folgende Mischung zu bevorzugen:

200 g Preiselbeeren
2 Granatäpfel
20 Karotten
2 mittelgroße Zwiebeln
5 Knoblauchzehen

Diese Mischung wirkt intensiver, wodurch eine Vielzahl von Bakterien vernichtet werden kann. Wenn dieser Saft untertags eingenommen wurde, sollte kurz vor dem Schlafengehen folgendes Getränk zubereitet werden:

2 Grapefruits
2 Blutorangen
1 Zitrone

Auf diese Weise wird der Urin angesäuert und dadurch das Bakterienwachstum auf natürliche Weise verhindert.

Wenn die Harnblasenentzündung recht hartnäckig ist, sollte folgende Mischung verwendet werden:

100 g Preiselbeeren
2 Grapefruits
3 Äpfel
1 Orange

Durch diesen dreimal täglich vor den Mahlzeiten zu trinkenden Saft können auch hartnäckige Harnwegsinfekte beseitigt werden.

Wenn täglich eine ausreichende Menge von frisch gepreßtem Karottensaft getrunken wird, ist das Immunsystem so stark, daß Harnwegsinfekte im allgemeinen nicht mehr auftreten.
Damit der Körper ausreichend mit Betacarotin versorgt wird, ist folgende Mischung empfehlenswert:

20 Karotten
5 Kohlblätter
1 Bund Petersilie
10 Blätter Spinat

Der Saft sollte frisch gepreßt vor den Mahlzeiten getrunken werden.

Um die Nieren und die ableitenden Harnwege zu stärken, sollte der Saft von

1 Honigmelone
100 g schwarzen Johannisbeeren
1 Papaya
1 Zitrone

eingenommen werden.

Bei einer Neigung zu immer wiederkehrenden Harnwegsinfekten ist folgender Saft ratsam:

100 g Preiselbeeren
5 Äpfel
3 cm Ingwerwurzel

Diese Mischung ist vor dem Essen einzunehmen.

Bei Harnwegsentzündungen, die mit starkem <u>Brennen beim Wasserlassen</u> verbunden sind, kann folgender Saft empfohlen werden:

3 cm Ingwerwurzel
2 Äpfel
3 Zitronen

Dieser Saft kann mit frischem Quellwasser auf die doppelte Menge verdünnt werden – trotzdem bleibt seine Wirksamkeit erhalten.

Blutarmut

Sie schleppen sich von einem Tag zum anderen. Nichts will ihnen mehr richtig gelingen. Diese Menschen leiden unter Schwächeanfällen, rascher Ermüdung, Schlafstörungen, Reizbarkeit, Unruhe, Depressionen, Lustlosigkeit. Sie sind auffallend blaß und krankheitsanfällig, denn sie sind bereits krank. Sie haben zu wenig rote Blutkörperchen, leiden also unter Blutarmut.
Die Ursachen der Blutarmut sind zahlreich. Am häufigsten ist die Eisenmangelanämie. Bei bösartigen Erkrankungen, bei Krebs, Leukämie und anderen konsumierenden Krankheiten kann sich das Blutbild nicht genug regenerieren, und die Blutwerte sinken unter den Minimalwert ab.

Bei einer <u>Eisenmangelanämie</u> aufgrund von zu starken Blutungen sollte folgender Saft getrunken werden:

3 rote Bete
100 g Petersilie
5 Blätter Grünkohl
2 grüne Paprikaschoten
1 Apfel

36

Dieser Saft enthält genügend Eisen, um einer Mangelanämie therapeutisch beizukommen. Außerdem ist dieser Saft reich an Ascorbinsäure.

Wenn ein Folsäuremangel im Vordergrund steht, sollte man folgende Mischung als Saft zu sich nehmen:

200 g Grünkohl
300 g Spinat
20 Stangen Spargel

Diesen Saft fünfmal täglich trinken. Bei einer Anwendungsdauer von vier bis fünf Monaten ist der Folsäuremangel dann ausgeglichen.

Ist die Blutarmut infolge einer Krebserkrankung aufgetreten, wirkt diese Mischung heilsam:

5 rote Bete
30 Karotten
2 Knoblauchzehen

Dreimal täglich vor den Mahlzeiten trinken. Innerhalb von vier bis fünf Monaten kommt es bei dieser Diät zu einer deutlichen Anhebung des Allgemeinbefindens. Das Blutbild verbessert sich, und auch die Grunderkrankung wird in den meisten Fällen günstig beeinflußt.

Verursacht eine <u>chronische Nierenerkrankung</u> die Blutarmut, ist diese Mischung zu empfehlen:

200 g Spinat
20 Karotten
2 rote Paprikaschoten
100 g Stangensellerie

Dieser Saft, der stark und aromatisch schmeckt, sollte dreimal täglich vor den Mahlzeiten getrunken werden. Auf diese Weise kann eine Blutarmut innerhalb von drei bis sechs Monaten beseitigt werden, und auch die Grunderkrankung spricht auf diese Behandlungsmethode sehr gut an.

Wenn die Blutarmut durch <u>konsumierende Krankheiten</u> und ständige Infektionen hervorgerufen wird, hilft diese Mischung:

100 g Petersilie
10 Karotten
3 Knoblauchzehen
3 Äpfel
5 Kohlblätter

Auch diesen Saft trinkt man am besten ein halbes Jahr lang. Auf diese Weise läßt sich die Anfälligkeit gegenüber Bakterien und Viren vermindern.

Geht die Blutarmut mit <u>allgemeiner Schwäche</u> einher, ist das Aussehen blaß und der Körper kraftlos, kann zu dieser Mischung geraten werden:

5 rote Bete
30 Karotten
1 grüne Paprikaschote
1 rote Paprikaschote
3 Äpfel

Der aus diesen Gewächsen gewonnene Saft ist wohlschmekkend und aromatisch. Die Trinkmenge sollte 800 bis 1000 ml pro Tag betragen, aufgeteilt auf je vier bis fünf Portionen.

Ist die Blutarmut mit der <u>Neigung zu blauen Flecken</u> verbunden, sollte folgende Saftmischung getrunken werden:

3 Orangen
2 Äpfel
1 Honigmelone
1 Papaya

Der Saft sollte in einer Dosierung von 800 bis 1200 ml getrunken werden. Bereits nach drei bis vier Wochen kann die Neigung zu blauen Flecken verschwinden.

Wenn bei einer Blutarmut eine deutlich <u>verminderte Thrombozytenzahl</u> besteht, kann folgender Saft getrunken werden:

2 Broccoliröschen
2 Knoblauchzehen
10 Karotten
1 Tomate
1 grüne Paprikaschote
3 Spinatblätter

Dreimal täglich eine Tasse dieser wohlschmeckenden Mischung trinken. Innerhalb von zwei bis drei Monaten kann damit gerechnet werden, daß sich die Thrombozytenzahl normalisiert.

Bei der Sichelzellenanämie (tritt oft in Mittelmeerländern auf und beruht auf einem genetischen Defekt) empfiehlt es sich, folgende Mischung zu trinken:

100 g Petersilie
200 g Spinat
20 Karotten
1 Pomelo
1 Zitrone

In schweren Fällen dreimal täglich 1200 bis 1500 ml, in leichteren Fällen zweimal 300 ml täglich einnehmen.

Blutfetterhöhung

Ob man sich nun zu einem abendlichen Festessen trifft oder bei einem kleinen Imbiß in der Theaterpause zusammensteht – ein Megawort ist immer dabei: Cholesterin. Leider ist es nicht nur ein In-Begriff, denn erhöhte Blutfettwerte führen – das haben zahllose Untersuchungen erwiesen – zu erheblichen Gesundheitsrisiken. Sie sind Ursache von Herzerkrankungen, Schlaganfällen, Herzinfarkten, Vergeßlichkeit, Schwerbesinnlichkeit und verschiedentlich auch Ursache von Depressionen, Durchblutungsstörungen in Armen und Beinen sowie Schmerzen in den Extremitäten.

Wenn die Blutfette den doppelten oder dreifachen Wert erreicht haben, ist dieser Zustand lebensbedrohlich. Dabei besteht immer die Gefahr, einen Schlaganfall, eine Gehirnarterienverkalkung oder plötzlich einen tödlichen Herzinfarkt zu erleiden.

Bei <u>Fettstoffwechselstörungen</u> mit einem Cholesterinwert von über 300 mg, sollte täglich folgende Saftmischung getrunken werden:

300 g Karotten
3 Knoblauchzehen
1 Zitrone

Durch diese Saftmischung kann in der Leber gespeichertes Cholesterin über die Galle schnell ausgeschieden werden und der Cholesterinspiegel innerhalb von vier bis sechs Wochen deutlich absinken.

Wenn durch erhöhte Blutfette die <u>Blutgerinnung gestört</u> ist, kann folgende Mischung empfohlen werden:

20 Karotten
3 Äpfel
4 cm Ingwerwurzel
2 Orangen
1 Grapefruit

Vor den Mahlzeiten in kleinen Schlucken trinken.

Sind die <u>Triglyceridwerte überhöht</u>, ist zu diesem Saft zu raten:

30 Weintrauben
2 Zitronen
1 Grapefruit
2 Äpfel

Dieser Saft versorgt den Körper ausreichend mit Bioflavonoiden. Sie normalisieren den Cholesterinspiegel innerhalb von sechs bis acht Wochen auf natürliche Weise.

Besteht bei Fettstoffwechselstörungen ein Vitamin-C-Mangel, sollte folgende Mischung getrunken werden:

50 g Petersilie
3 grüne Paprikaschoten
10 Kohlblätter
1 Kohlrabi

Vor den Mahlzeiten in einer Menge von dreimal 100 ml täglich einnehmen.

Ist zu wenig Vitamin E im Blut, empfiehlt sich folgende Mischung:

10 Spinatblätter
3 Stangen Spargel
20 Karotten
2 Knoblauchzehen

Dieser wohlschmeckende Saft versorgt den Körper mit einer ausreichenden Menge an natürlichem Vitamin E.

Wenn im Körper Chrom und Kupfer fehlen, sollte folgende Mischung getrunken werden:

2 grüne Paprikaschoten
2 Äpfel
10 Spinatblätter
2 Knoblauchzehen
3 cm Ingwerwurzel

Diese Mischung enthält eine genügend große Menge an Chrom, welches bei Stoffwechselstörungen wie ein Katalysator wirkt, um normale Werte zu erreichen.

Wurde ein <u>Mangel an Zink</u> festgestellt, ist folgender Saft zu trinken:

3 cm Ingwerwurzel
20 Karotten

Von dieser Mischung täglich dreimal 150 ml vor den Mahlzeiten einnehmen.

Bei <u>hartnäckigen Stoffwechselstörungen</u>, bei denen die Cholesterinwerte auf 500 und die Triglyceride auf 800 bis 1000 mg/dl ansteigen können, empfiehlt es sich, folgende Mischung zu trinken:

1 Honigmelone
10 Erdbeeren
2 Grapefruits
1 Apfel

Dieses wohlschmeckende Getränk sollte in der Menge von dreimal 250 ml pro Tag konsumiert werden. Die Kur ist mindestens ein halbes Jahr lang durchzuhalten, um eine Normalisierung der Blutwerte zu erreichen.

Wenn der <u>Cholesterinspiegel über 300</u>, die Triglyceridwerte über 250 mg liegen und die Harnsäure über 7 mg/dl beträgt, ist zu dieser Mischung zu raten:

$^1/_2$ Ananas
3 cm Ingwerwurzel
1 Zitrone
1 Grapefruit
5 Erdbeeren

entsaften, zwei bis drei Gläser zu 250 ml über den Tag verteilt trinken. Durch diese Mischung wird das Hungergefühl abgeschwächt, und bereits nach einer Woche kommt es zu einer Ablehnung fetthaltiger Speisen, denn Fette werden aus dem Bewußtsein gedrängt. Eine Entgiftung des Körpers findet statt.

Bösartige Erkrankungen – Krebs

Fast jeder glaubt, zum Tode verurteilt zu sein, wenn ihm der Arzt die Diagnose Krebs vorlegt. Denn immerhin betrifft das Risiko, an einer Krebserkrankung zu sterben, schon jeden dritten oder vierten Mitteleuropäer. Dabei muß festgehalten werden, daß bei jedem Menschen Krebszellen entstehen. Um jedoch ein bösartiges Geschwür auftreten zu lassen, müssen mehrere schwächende Faktoren zusammentreffen. Das sind in erster Linie Angst, Unruhe, Depressionen, Minderwertigkeitsgefühle, Schuldgefühle, unverarbeitete Konflikte, Partnerschaftsprobleme oder Probleme am Arbeitsplatz.

Bei jeder einzelnen Krebserkrankung sind besondere, individuelle Faktoren an der Entstehung beteiligt. So zum Beispiel erklären viele Frauen, die an Brustkrebs erkrankt sind, daß sie zwei Jahre vor den ersten Krankheitsanzeichen ein seelisches Trauma erlitten hätten, dem dann die bösartige Wucherung gefolgt sei.

Um eine Krebserkrankung am Ausbrechen zu hindern, sollte unbedingt das Immunsystem gestärkt und alles getan werden, um es leistungsfähig zu erhalten. Leicht vermeidbare Risikofaktoren wie Rauchen, Alkohol, zuviel tierische Proteine und Fette bedeuten keinen Verzicht, sondern einen Gewinn. Generell gilt: Je natürlicher die Nahrung mit viel Rohkost und naturbelassenen Gemüsesäften ist, desto geringer wird das Risiko, an Krebs zu erkranken.

Gemüse- und Obstsorten, die Krebserkrankungen verhindern können, sind: Knoblauch, Zwiebeln, Ingwer, Kürbisse, Melanzane (Auberginen), Guavefrüchte, Äpfel, Tamarillos (Baumtomaten), Nangkafrüchte, Acerolakirschen, Mango, Papaya, Coconafrüchte, Kapstachelbeeren, Lukumafrüchte, Pulasanfrüchte, Sternäpfel und Kronsbeeren. Je nach bestehender Krebserkrankung sollten die geeigneten Früchte oder auch die passenden Gemüsesorten ausgewählt werden, um ein Fortschreiten der Erkrankung zu verhindern.

Wenn bei Krebserkrankungen ein <u>Mangel an Betacarotin</u> vorliegt, sollte dieses Provitamin aus pflanzlicher Quelle zusätzlich zu Kapseln mit diesem Wirkstoff eingenommen werden. Folgende Mischung ist reich an Betacarotin:

15 Karotten
3 Kohlblätter
5 Grünkohlblätter
1 Bund Petersilie
10 Mangoldblätter

Von dieser Mischung täglich dreimal 100 ml jeweils vor den Mahlzeiten trinken.

Liegt bei Krebserkrankungen ein <u>Mangel an Vitamin C</u> vor, ist diese Mixtur zu empfehlen:

2 grüne Paprikaschoten
3 Broccoliröschen
50 g Petersilie
1 Krautkopf (Weißkohl)
50 g Brunnenkresse
50 g Kapuzinerkresse
1 Knoblauchzehe

Von dieser Mischung täglich dreimal 150 ml einnehmen. Nach zwei bis drei Wochen ist jeder akute Vitamin-C-Mangel und ein Mangel an pflanzlichen Enzymen beseitigt.

Sind Krebserkrankungen mit einem <u>Mangel an Vitamin E</u> verbunden, sollte folgende Mischung getrunken werden:

10 Karotten
5 Stangen Spargel
10 Mangoldblätter
2 Broccoliröschen
3 Okraschoten

150 ml dieser intensiv und aromatisch schmeckenden Saftmischung mindestens dreimal täglich zu den Mahlzeiten konsumieren. Die antioxidierende Wirkung von Vitamin E kann dadurch voll zur Geltung kommen.

Wenn ein <u>Selenmangel</u> vorliegt, ist diese Mischung anzuraten:

10 Mangoldblätter
2 Knoblauchzehen
2 Melanzane (Auberginen)
1 Kohlrabi

Dreimal 50 ml zu den Mahlzeiten konsumieren. Nach drei- bis vierwöchiger Anwendungszeit den Selenspiegel im Blut bestimmen lassen. Erst wenn der Selenspiegel im oberen Bereich liegt, kann man die Dosis verringern.

Liegt bei bösartigen Erkrankungen ein <u>Chrom- und Molybdänmangel</u> vor, sollte folgende Saftmischung getrunken werden:

2 Kartoffeln
1 grüne Paprikaschote
3 Gravensteiner Äpfel
1 Knoblauchzehe
1 Okra
2 cm Ingwerwurzel

Diese Kombination ist sehr reich an pflanzlichen Enzymen, Spurenelementen, Molybdän und Chrom. Auch Selen kommt in ausreichender Menge vor.

Sind bei Krebserkrankungen bereits Metastasen aufgetreten und die Tumormarker erhöht, kann dieser Saft helfen:

15 Karotten
1 Knoblauchzehe
2 rote Bete
1 cm Ingwerwurzel

Die wohlschmeckende Mischung sollte in einer Menge von mindestens dreimal 200 ml täglich getrunken werden, um einen optimalen Effekt zu erzielen. Erfahrungsgemäß kommt es nach dreimonatiger Anwendungszeit zu einem langsamen Absinken der Tumormarker. Auch das Auftreten von frischen Metastasen kann auf diese Weise verzögert oder verhindert werden.

Wenn das Allgemeinbefinden bei Krebserkrankungen sehr schlecht ist, kann diese Säftemischung stärkend wirken:

1 Honigmelone
2 Boskopäpfel
200 g schwarze Johannisbeeren
100 g rote Johannisbeeren
5 Karotten

Diese Saftmischung sollte in einer Menge von dreimal täglich 250 ml getrunken werden. Nach zwei bis drei Monaten Einnahmezeit kann meist eine Besserung des Wohlbefindens festgestellt werden. Auch die erhöhten Tumormarker sinken langsam ab. Wird diese Saftkombination regelmäßig eingenommen, verbessert sich auch der Hämoglobingehalt des Blutes, die Blutkörpersenkung wird günstiger, die Stimmung, das Allgemeinbefinden und die körperliche Ausdauer verbessern sich.

Stehen bei Krebserkrankungen <u>Blässe, Muskelschwäche, Kraft-</u><u>losigkeit</u> und <u>Depressionen</u> im Vordergrund, ist diese Mischung anzuraten:

2 Maracujas
2 Sapotefrüchte
3 Guavefrüchte
2 Jonathanäpfel
2 Sawofrüchte
1 Honigmelone

Diese Saftmischung sollte in größeren Mengen getrunken werden. Empfehlenswert sind dreimal täglich 250 ml jeweils vor den Mahlzeiten. Auch als durstlöschendes Getränk kann diese Mixtur zwischendurch verwendet werden. Erstaunlich ist, daß dabei chronische Schmerzzustände, die bei Krebspatienten häufig sind, gelindert werden. Diese Saftkombination hat nämlich einen entgiftenden, wassertreibenden und entzündungshemmenden Effekt. Nachdem der Körper mit allen pflanzlichen Enzymen, die für die Gesundheit notwendig sind, versorgt wird, kann nach längerer Anwendungsdauer eine langanhaltende Erholungsphase eintreten. Der Mischsaft sollte jedoch erst dann abgesetzt werden, wenn alle Laborwerte im Rahmen der Norm liegen.

Treten bei einer Krebserkrankung <u>Depressionen, Schwäche,</u> <u>Müdigkeit, Schmerzen, Lust- und Freudlosigkeit</u> auf, kann dieser Saft nützlich sein:

2 Passionsfrüchte
1 Pomelo
2 Blutorangen
2 Kiwis
1 Sawofrucht
2 Sternäpfel
10 Karotten

Dreimal täglich 200 ml vor den Mahlzeiten trinken. Die körperliche Leistungsfähigkeit wird gesteigert. Auch das seelische Befinden bessert sich, die Niedergeschlagenheit vergeht, der Antrieb wird stärker und der Überlebenswille aktiviert. Nach längerer Anwendungsdauer gehen auch krankhaft erhöhte Werte wieder zurück. Die Anwendungsdauer sollte mindestens ein halbes Jahr betragen, um eine optimale Wirkung zu erreichen.

Bei <u>Krebserkrankungen im Magen-Darm-Trakt</u> ist folgende Mischung empfehlenswert:

20 Karotten
2 Rote-Bete-Knollen
1 Knoblauchzehe

Von dieser Kombination soll der Patient dreimal täglich 250 ml vor den Mahlzeiten trinken. Was bei dieser Saftmischung erstaunt, ist, daß auch stark erhöhte Tumormarker innerhalb von drei bis fünf Monaten langsam absinken können. Bis jedoch eine stark erhöhte Blutkörpersenkung besser wird, dauert es mindestens ein halbes Jahr. Diese Saftmischung versorgt den Körper mit pflanzlichen Enzymen, die imstande sind, krankhaft verändertes Gewebe wieder zu regenerieren.

Bei <u>Krebserkrankungen im Urogenitalbereich</u> (Blase, Nieren) ist folgende Saftmischung anzuraten:

20 Karotten
2 Rote-Bete-Knollen
2 cm Ingwerwurzel
1 Knoblauchzehe
1 kleine Zwiebel
1 Fenchelknolle

Die Trinkkur sollte mindestens sechs bis acht Monate lang andauern, um eine Besserung der Beschwerden zu erzielen. Es kommt innerhalb von drei bis vier Wochen zu einer Hebung des Allgemeinbefindens, innerhalb von weiteren zwei bis drei Wochen nimmt die körperliche Kraft zu, das Schwächegefühl vergeht, und auch eine depressive Verstimmung kann positiv beeinflußt werden. Nach wiederum zwei bis drei Wochen bessert sich auch eine krankhaft erhöhte Blutkörpersenkung, nach noch einmal drei bis vier Wochen gehen die vorher erhöhten Tumormarker langsam zurück. Die Saftkur sollte aber erst dann beendet werden, wenn es zu einer weitgehenden Normalisierung des Befindens und der Laborwerte gekommen ist.

Als Saftkombination bei einem Prostatakarzinom, hat sich folgende Mischung bewährt:

20 Karotten
3 rote Bete
2 cm Ingwerwurzel
1 Knoblauchzehe
3 Mangoldblätter

Diese Saftmischung sollte in einer Dosis von mindestens dreimal 250 ml täglich getrunken werden. Nach etwa drei bis vier Wochen wird das Wasserlassen erleichtert, und der Druck in der Prostatagegend läßt nach.

Wenn beim Prostatakrebs der Allgemeinzustand geschwächt ist, die Kraft nachgelassen hat und das Blutbild eine Anämie anzeigt, sollte folgende Säftemischung getrunken werden:

1 Papaya
2 Mangos
1 Honigmelone
100 g schwarze Johannisbeeren

50

Von dieser Saftmischung täglich vor dem Essen dreimal 200 ml einnehmen. Nach drei bis vier Wochen Anwendungsdauer das Blutbild kontrollieren lassen. Wenn noch keine ausreichende Besserung erzielt worden ist, sollten zwei Kapseln *Ferrum compositum* (Hochenegg GmbH) oder ein ähnliches Eisenpräparat eingenommen werden.

Haben sich beim <u>Prostatakarzinom</u> in der Wirbelsäule Metastasen gebildet, und ist der <u>Allgemeinzustand sehr geschwächt</u>, kann folgende Säftemischung empfohlen werden:

1 Wassermelone
1 großes Stück Nangka (Jackfrucht)
2 Pulasanfrüchte
1 Blutorange
10 Karotten

Dreimal 250 ml täglich einnehmen. Bereits nach ein bis zwei Wochen regelmäßiger Anwendung zeigen sich die ersten Erfolge. Das Aussehen wird frischer, das Blutbild normalisiert sich innerhalb bestimmter Grenzen, die körperliche Leistungsfähigkeit nimmt zu und die Neigung zu Depressionen vergeht langsam.

Bei <u>Darmkrebs</u> kann folgende Säftemischung heilsam sein:

2 cm Ingwerwurzel
10 Karotten
2 Äpfel
1 rote Bete

Diese Saftmischung ist mindestens dreimal täglich in einer Menge von 250 ml vor den Mahlzeiten zu konsumieren. Auch Appetitlosigkeit, Schwäche und Müdigkeit werden positiv beeinflußt. Erstaunlicherweise kommt es bei diesem Saftmix nach ungefähr drei- bis viermonatiger Anwendung zu einer deutlichen Besserung der Tumormarker. Empfehlenswert ist es, diesen Saft so lange einzunehmen, bis die Laborbefunde wieder im normalen Bereich liegen. Es kann eine Anwendungszeit von ein bis zwei Jahren erforderlich sein. Während dieser Zeit darf die Saftkur nicht unterbrochen werden, um einen Rückfall zu vermeiden.

Bronchitis

Die bettlägerige Frau hatte das entsetzliche Gefühl, ersticken zu müssen. Hinter dem Brustbein machte sich ein unangenehmer Druck bemerkbar. Ihr war sehr heiß – sie hatte Fieber. Die Frau war an einer Bronchitis erkrankt, einer Reizung oder Entzündung der Schleimhäute der inneren Lungenwege. Meist ist Bronchitis mit Hustenreiz, Schleimauswurf, Atemstörungen und Fieber verbunden. Bei dieser Krankheit muß darauf geachtet werden, daß die Lungen nicht noch zusätzlich gereizt werden. So sollte auf das Rauchen verzichtet und rauchige Räume gemieden werden. Auch eine Luft, die reich an Schimmelpilzen, Sporen und Mikroben ist, verschlechtert eine bestehende Bronchitis oder ist imstande, diese auszulösen.

Um den Verlauf einer Bronchitis günstig zu beeinflussen, empfiehlt sich folgender Saft:

200 g Tomaten
100 g Petersilie
2 grüne Paprikaschoten

Diese Mischung sollte vor den Mahlzeiten eingenommen werden. Dadurch erhält der Körper Bioflavonoide in ausreichender Menge, um mit der Infektion besser fertig zu werden.

Besonders betacarotinreich ist folgende Mischung:

200 g Karotten
10 Blätter Grünkohl
20 Spinatblätter
1 Knoblauchzehe

Dieser Saft kann vor den Mahlzeiten getrunken werden. Empfehlenswert sind dreimal 150 ml täglich.

Zinkreich ist folgende Gemüsesaftmischung:

3 cm Ingwerwurzel
50 g Petersilie
3 Knoblauchzehen
20 Karotten
2 rote Bete

Diesen Saft vor den Mahlzeiten trinken, um den Körper mit dem notwendigen Zink zu versorgen und mit der Infektion schneller fertig zu werden.

Bei hartnäckiger Bronchitis ist folgende Mischung ratsam:

3 cm Ingwerwurzel
2 Äpfel
1 Zitrone

Eine Tasse vor den Mahlzeiten trinken. Je nach Schweregrad der Erkrankung kann auch die doppelte Menge konsumiert werden.

Chronische Müdigkeit

Der ständige Spott der Mitmenschen, kann diese Kranken die letzten Nerven kosten. Was sie auch versuchen, sie kommen gegen ihre permanente Müdigkeit nicht an. Die Ursachen dieses Syndroms, das erst in der letzten Zeit von verschiedenen Ärzten beschrieben worden ist, liegen zum Teil noch im dunkeln. Bei vielen Patienten, die an chronischer Müdigkeit leiden, konnten keine krankhaften Werte gemessen werden. Nur bei zehn Prozent lagen die Eisenwerte und die Werte toxischer Metalle zu hoch. Nur bei ganz wenigen besteht auch eine Quecksilberallergie.

Bei etwa 30 Prozent aller chronisch Müden ist das Epstein-Barr-Virus eine mögliche Ursache. Die Symptome sind neben der Müdigkeit ein leichtes Fieber, das sich über Monate hinwegzieht, dann nachläßt, um wieder anzusteigen. Hinzu kommen nicht selten stechende Stirnkopfschmerzen. Und es kann sich eine Bronchitis einstellen. Die Zunge ist meist belegt, die Verdauung gestört, die Muskelabwehr geschwächt. Manchmal sind auch die großen Gelenke schmerzhaft angeschwollen, die Stimmung ist depressiv, Perioden von schweren Depressionen lassen sich nachweisen. Dabei kommt es auch zu Antriebsstörungen, Selbstmordgedanken, Untätigkeit und meist einem Nachlassen der Arbeitsfähigkeit.

Rezepte gegen chronische Müdigkeit

3 cm Ingwerwurzel
20 Karotten
3 Äpfel
1 Knoblauchzehe

entsaften, drei- bis viermal pro Tag ein Glas trinken. Durch diese Mischung wird das Bedürfnis nach krankmachenden Nahrungsmitteln und besonders nach Fett zurückgehen. Der Körper regeneriert sich, das Gefühl der Untätigkeit, Müdigkeit und Schwäche wird langsam nachlassen.

Wenn bei der chronischen Müdigkeit der Verdacht besteht, daß Epstein-Barr-Viren eine Rolle spielen könnten, empfiehlt es sich, folgenden Kräutersaft zu trinken:

10 Spinatblätter
100 g Luzernensprossen
20 Karotten
2 Äpfel
1 Pampelmuse

entsaften, dreimal täglich einnehmen. Die Menge sollte nicht unter einem halben Liter liegen.

Ist die chronische Müdigkeit vor allem auf einen Mineralstoffmangel zurückzuführen, kann auf diese Mischung verwiesen werden:

3 Broccoliröschen
3 Knoblauchzehen
20 Karotten
3 Stangen Sellerie
1 grüne Paprikaschote

Diese wohlschmeckende Mischung sollte drei- bis viermal täglich getrunken werden. Die ideale Trinkmenge liegt bei 500 ml. Die Kur ist über vier bis fünf Monate durchzuführen, um eine optimale Wirksamkeit zu erreichen.

Bei einem chronischen Müdigkeitssyndrom, das auch durch <u>Übergewicht</u> und einen <u>zu hohen Fettgehalt des Blutserums</u> charakterisiert ist, sollte folgende Mischung verwendet werden:

3 cm Ingwerwurzel
3 rote Bete
2 Äpfel
20 Karotten
100 g Brennesselkraut

Dieser Saft ist dreimal täglich zu trinken. Wenn zusätzlich ein Bewegungstraining durchgeführt wird, geht allmählich das Gewicht zurück, und die körperliche und geistige Leistungsfähigkeit steigt.

Depressionen

Endogene Depressionen

Depressionen bedeuten immer unerklärliche Traurigkeit, Niedergeschlagenheit, Antriebslosigkeit, Freud- und Lustlosigkeit. Es fehlt der Appetit, die Stimmung ist gedrückt, der Schlaf gestört, das Konzentrieren fällt schwer, alles verliert an Bedeutung, alles wird überflüssig. Auch der Kontakt zu Bekannten und Freunden wird abgebrochen. Gedanken an Tod und Selbstmord stehen im Vordergrund.

Die echten endogenen Depressionen, die von innen kommen, und denen keine äußere Ursache zugeordnet werden kann, sind schon am Gesichtsausdruck ablesbar. Über das obere Lid verläuft eine stark schräg abfallende Falte, die nur bei Depressiven und schlaflosen Melancholikern vorkommt.

Die Ursachen der endogenen Depressionen liegen noch im dunkeln. Es ist jedoch ein bestimmter Erbgrad nachweisbar, denn Depressionen werden manchmal von einer Generation zur anderen weitergegeben. Fünf bis zehn Prozent der Bevölkerung leiden an depressiven Verstimmungen, die länger als einen Monat lang anhalten. Fast die Hälfte aller Selbstmorde ist auf endogene Depressionen zurückzuführen.

Bei dieser Krankheit treten jahres- und tageszeitliche Schwankungen auf. Bereits frühmorgens befindet sich das Stimmungsbarometer auf dem Nullpunkt; die Stimmung hellt sich tagsüber – besonders zum Abend hin – etwas auf, während sich in den Nachtstunden neuerlich eine depressive Verstimmung entwickelt, die in den frühen Morgenstunden ihren Höhepunkt erreicht. Frühjahr und Herbst erleben Depressive als besonders belastend. Zu diesen Jahreszeiten steigt die Zahl der Selbstmorde weltweit an.

Bei jeder depressiven Verstimmung sollte eine psychiatrische, fachärztliche Behandlung durchgeführt werden, um Verschlechterungen, Selbstmordversuchen und Komplikationen vorbeugen zu können. Depressive Menschen sollte man nie allein lassen, da sich bei ihnen auch bedrohliche Wahnideen entwickeln können. So glauben manche Kranke, sie müßten sterben, weil sie im Diesseits keine Lebensberechtigung mehr hätten. Und weil das Leben für sie selbst sinnlos ist, sprechen sie auch ihren Angehörigen die Daseinsberechtigung ab. So kommt es manchmal nicht nur zum Selbstmord, sondern schlimmstenfalls zum erweiterten Selbstmord, bei dem auch Kinder und Angehörige getötet werden.

Pflanzensäfte, die bei Depressionen helfen können

10 Spinatblätter
3 Blätter Endiviensalat
10 Rote-Bete-Blätter

Dieser Saft sollte vor den Mahlzeiten in der Menge von dreimal täglich 100 ml getrunken werden. Die Mischung ist besonders reich an Folsäure.

Wenn bei Depressionen ein <u>Vitamin-B$_6$-Mangel</u> vorliegt, ist folgende Mischung zu empfehlen:

1 grüne Paprikaschote
2 weiße Rüben
10 Spinatblätter
1 Kohlrabi

Auch dieser Saft sollte vor den Mahlzeiten in der Menge von dreimal täglich 150 ml getrunken werden.

Sind die Depressionen auf einen <u>Mangel an Ascorbinsäure</u> zurückzuführen, kann zu dieser Mischung geraten werden:

2 Grapefruits
1 Orange
1 Zitrone
1 Honigmelone

Von diesem Saft sind täglich dreimal 200 ml einzunehmen. Dadurch kann ein Vitamin-C-Mangel innerhalb kurzer Zeit ausgeglichen werden.

Bei <u>Depressionen mit Magnesiummangel</u> ist dieser frisch gepreßte Saft erfolgversprechend:

2 Knollen rote Bete
10 Spinatblätter
2 Knoblauchzehen
1 Bund Petersilie

Durch diese Mischung kann ein Magnesium-, Kalium-, Selen- und Germaniummangel ausgeglichen werden, jedoch sollte sie über vier bis fünf Wochen konsumiert werden. Der Schweregrad der Depression verringert sich dadurch deutlich.

Kommt es zu einer <u>Antriebsschwäche</u>, ist folgende Saftmischung empfehlenswert:

5 Rote-Bete-Blätter
1 Bund Petersilie
3 Kiwis
10 Spinatblätter
5 Karotten
2 Äpfel
1 Papaya

Die wohlschmeckende Mischung soll in einer Menge von dreimal täglich 250 ml vor den Mahlzeiten getrunken werden. Dadurch lassen sich leichte endogene Depressionen günstig beeinflussen. Diese Trinkkur ist mindestens vier bis fünf Wochen nach Ende der Depression weiter anzuwenden, um einen Rückfall zu vermeiden.

Ist die Krankheit mit <u>Antriebsschwäche</u> und <u>gelegentlichen Selbstmordimpulsen</u> verbunden, kann diese Mischung heilsam wirken:

10 Karotten
2 Äpfel
3 Kiwis
3 Passionsfrüchte
1 Ananas

Von diesem Saft nimmt man dreimal täglich 250 ml vor den Mahlzeiten ein. Auch nach Beendigung der depressiven Phase sollte man diese vitamin- und enzymreiche Säftemischung drei bis vier Wochen weitertrinken.

Kommt es zu <u>Angstzuständen, Verfolgungswahn,</u> Selbstwertzweifeln und negativen Gedanken, ist zu folgender Mischung zu raten:

3 Maracujas (gelbe Passionsfrüchte)
1 Ananas
2 Passionsfrüchte
3 Hopfenzapfen
2 Kiwis

Diese Mischung sollte dreimal täglich mindestens vier bis fünf Wochen lang getrunken werden. Es lassen sich dadurch zahlreiche antidepressive Substanzen, Psychopharmaka und besonders Thymoleptika einsparen.

Wenn die Depressionen mit <u>körperlicher Schwäche,</u> Antriebslosigkeit, Mutlosigkeit und innerer Leere verbunden sind, empfiehlt es sich, folgende Mischung zu trinken:

1 Bund Petersilie
2 Knoblauchzehen
10 Karotten
100 g Mangold
10 Blätter Endiviensalat
50 g Bärlauch

Diese Mischung sollte vor den Mahlzeiten eingenommen werden, und zwar dreimal täglich 100 ml.

Bei schweren <u>chronischen Depressionen,</u> die mit Antriebslosigkeit, Gedächtnis- und Konzentrationsstörungen verbunden sind, kann folgende Säftemischung helfen:

3 Kiwis
2 Maracujas (gelbe Passionsfrüchte)
2 Passionsfrüchte

1 Ananas
1 Papaya
1 Mango

Dreimal 200 ml vor den Mahlzeiten. Die Stimmungslage verbessert sich, wenn diese Saftmischung ohne Unterbrechung sechs bis acht Wochen lang angewendet wird.

Wenn bei Depressionen starke Stimmungsschwankungen im Vordergrund stehen, sollte folgende Mischung getrunken werden:

3 Broccoliröschen
2 Knoblauchzehen
10 Karotten
3 Tomaten
2 Stangen Sellerie
2 Okraschoten

Dreimal täglich 150 ml vor den Mahlzeiten trinken. Der Körper wird mit allen notwendigen Mineralstoffen versorgt, wodurch die Neigung zu Depressionen beseitigt wird.

Wechseln Depressionen mit manischen Phasen ab, ist zu dieser Mischung zu raten:

3 Passionsfrüchte
100 g Johanniskraut
3 Hopfenzapfen
2 Orangen
3 Grapefruits

Vor den Mahlzeiten trinken. Um eine sichere Wirkung zu erzielen, sollte dieser Mischsaft drei bis vier Monate hindurch getrunken werden.

Kommt es neben Depressionen zu <u>Angstzuständen</u>, ist die folgende Mischung anzuwenden:

10 Spinatblätter
5 Karotten
1 Apfel
2 Okraschoten
10 Rote-Bete-Blätter

Je nach Schweregrad der Depression sollten dreimal 50 bis 250 ml verwendet werden. Um einen sicheren Behandlungserfolg zu erzielen, muß diese Mischung vier bis fünf Monate hindurch eingenommen werden.

Wenn bei Depressionen auch <u>Aggressionen</u> vorkommen und <u>starke Stimmungsschwankungen</u> vorhanden sind, empfiehlt es sich, folgende Mischung zu konsumieren:

3 Äpfel
2 Hopfenzapfen
100 g Johanniskraut
3 Passionsfrüchte
5 Wacholderbeeren
2 Grapefruits

Diese sehr wohlschmeckende Saft kann bei Stimmungsschwankungen und endogenen Depressionen mit gutem Erfolg eingesetzt werden.

Weit verbreitet ist die sogenannte **Winterdepression.** Wenn sich in der kalten Jahreszeit tagelang, mitunter sogar wochenlang die Sonne nicht mehr zeigt, kann es zu heftigen Schwermutsanfällen kommen. Von ihnen sind Frauen und Männer gleichermaßen betroffen. Folgende Saftmischungen wirken gezielt gegen derartige Depressionen:

Rezept 1:

2 Okraschoten
2 Knoblauchzehen
5 Boskopäpfel
3 cm Ingwerwurzel

Rezept 2:

100 g Rapunzelsalat
10 Blätter Endiviensalat
15 Karotten
3 Broccoliröschen

Rezept 3:

3 Krautblätter (Weißkohl)
2 Knollen rote Bete
1 Blutorange
2 Loquats

Rezept 4:

1 Löwenzahnwurzel
2 Boskopäpfel
1 Grapefruit
2 Kiwis

Reaktive Depressionen

Jeder Mensch kennt Situationen, die ihn an den Rand der Verzweiflung treiben können. Die Ursachen sind vielfältig. Sie reichen von finanziellen Sorgen über Streß mit nahen Verwandten oder beruflicher Überbelastung bis zu Einsamkeit und sozialer Isolation.

Durch diese Vorgänge werden Streßhormone im Körper freigesetzt. Das sind meist adrenalinähnliche Substanzen, die auf die Dauer gesehen den Körper schädigen können. Es kommt dann zu einem eingeschränkten Funktionieren des Immunsystems. Die Abwehr gegenüber Infektionen wird verringert und es treten zahlreiche psychosomatische Beschwerden auf. Kopf-, Bauchschmerzen, Verdauungsstörungen, hoher Blutdruck und zu starker oder zu schwacher Appetit. Das sind eindeutig Symptome von Depressionen.

Der Mensch ist Depressionen jedoch nicht hilflos ausgeliefert. Er kann sehr gut gegensteuern, etwa durch Sport, Autogenes Training mit Muskelentspannung, Respiratorisches Biofeedback (Hochenegg GmbH) und vieles mehr. Es ist wichtig, die Ursache zu erkennen, um gezielt gegen Depressionen vorgehen zu können. Zuviel Streß kann zu reaktiven Depressionen führen und den Körper anfällig für Durchblutungsstörungen, Herzinfarkte, Schlaganfälle und Zuckerkrankheit machen. Daß sich aus Streß Depressionen entwickeln, kann man verhindern, indem man dem Körper reichlich Betacarotin, Vitamine aus dem B-Komplex, Chrom, Mangan, Molybdän, Magnesium und Kalium zuführt.

Zur Vorbeugung reaktiver Depressionen ist folgende Saftmischung empfehlenswert:

3 Broccoliröschen
10 Krautblätter (Weißkohl)
5 Mangoldblätter
3 cm Ingwerwurzel

Diese Mischung ist reich an Vitaminen, pflanzlichen Enzymen und Pantothensäure. Zur Vorbeugung sollten mindestens dreimal täglich 100 ml getrunken werden.

Wenn bei Depressionen ein Mangel an Ascorbinsäure besteht, ist diese Säftemischung anzuraten:

8 Krautblätter (Grünkohl oder Weißkohl)
20 Löwenzahnblätter
20 Karotten
2 cm Ingwerwurzel
3 Golden-Delicious-Äpfel

Täglich dreimal 250 ml einnehmen. Dieser Saft versorgt den Körper mit pflanzlichen Enzymen, Ascorbinsäure und wichtigen Spurenelementen. Die Mischung ist mindestens ein halbes Jahr lang zu trinken, um einen sicheren Effekt zu erreichen. Außerdem sollte zusätzlich ein Bewegungstraining durchgeführt werden, wie z. B. eine Stunde lang Spazierengehen, eine halbe Stunde Waldlaufen, eine Viertelstunde Radfahren oder Schwimmen. Mit dieser Kombination können auch mittelschwere Depressionen positiv beeinflußt werden.

Liegt bei Depressionen ein <u>Mangel an Betacarotin</u> vor, kann folgende Saftmischung hilfreich sein:

50 g Petersilie
100 g Brunnenkresse
10 Mangoldblätter
10 Spinatblätter
1 Okra
1 rote Paprikaschote

Von dieser Mischung, die reich an Betacarotin ist, sind mindestens dreimal 150 ml täglich einzunehmen. Die mit diesem Saft zugeführten Spurenelemente bewirken, daß sich schwere Depressionen langsam wieder zurückbilden können.

Wenn infolge von <u>Streß, Unruhe und Depressionen</u> das Blut dickflüssig geworden ist und ein Schlaganfall oder ein Herzinfarkt droht, ist besonders diese Saftmischung empfehlenswert:

1 Zuckermelone
3 cm Ingwerwurzel
1 Knoblauchzehe
2 Golden-Delicious-Äpfel

Von dieser Mixtur trinkt man mindestens dreimal täglich 150 ml vor den Mahlzeiten. Sind die Depressionen besonders am Abend gravierend, sollten vor dem Schlafengehen zusätzlich 200 ml eingenommen werden, denn dadurch kann auch ein vorbeugender Effekt erzielt werden.

Sind die Depressionen mit <u>hohem Blutdruck</u> und <u>hohen Blutfettwerten</u> verbunden, ist folgende Mischung empfehlenswert:

3 cm Ingwerwurzel
10 Karotten
3 Boskopäpfel

Dreimal täglich 200 ml jeweils vor den Mahlzeiten konsumieren. Innerhalb von drei bis vier Wochen bessern sich die Depressionen, und nach zwei bis drei Monaten sollten sich auch die Blutfettwerte normalisiert haben. Wenn zusätzlich eine natrium- und chloridarme, kaliumreiche Diät eingehalten wird, sollte auch ein krankhaft erhöhter Blutdruck nach vier bis fünf Monaten zurückgehen.

Ist die Ursache der Depressionen ein Magnesiummangel, kann folgende Mischung Abhilfe schaffen:

20 Karotten
3 Stangen Sellerie
1 Knoblauchzehe
2 Golden-Delicious-Äpfel

Von dieser Saftmischung sollten dreimal täglich 200 ml getrunken werden. Damit werden dem Körper fehlende Mineralstoffe zugeführt. Der Magnesiumspiegel wird ausgeglichen und die hormonellen Vorgänge im Körper laufen ohne Fehlsteuerung ab.

Diabetes mellitus
(Zuckerkrankheit)

Der Gymnasiast begann über eine ganze Reihe merkwürdiger Symptome zu klagen. Der 16jährige hatte plötzlich ein starkes Durstgefühl, verbunden mit häufigem Harndrang. Ihm wurde trotz Heißhunger oft übel und er war ständig müde. Als dann auch noch Muskel- und Konzentrationsschwächen sowie Verwirrtheitszustände hinzukamen, bestanden seine Eltern auf einen Arztbesuch. Dieser stellte sehr schnell einen *Diabetes mellitus* des Typs 1 fest, der hauptsächlich Jugendliche befällt.

Unter Diabetes versteht man eine Funktionsstörung der Bauchspeicheldrüse. Es kann bei dieser Erkrankung in ganz bestimmten Zellen der Bauchspeicheldrüse kein Insulin gebildet werden. Dadurch kommt es zu starken Blutzuckererhöhungen. Charakteristisch für diese Erkrankung ist, daß durch den Urin täglich große Mengen an Zucker ausgeschieden werden. Es ist also der Glukosestoffwechsel gestört. Der Körper kann Glukose nicht auf natürliche Weise abbauen, dadurch muß in vielen Fällen Insulin durch tägliches Spritzen zugeführt werden.

Neben den genannten Symptomen sind oft Hautinfektionen und schlecht heilende Wunden festzustellen. Manchmal kommt es zu Kribbeln in den Beinen, die Füße oder Fingerspitzen werden taub. In schweren Fällen muß eine Muskeldegeneration festgestellt werden. Oft sind auch die Muskelreflexe erloschen, die Folge sind Gangunsicherheit, Stolpern, Gleichgewichtsstörungen und in schweren Fällen Bettlägerigkeit und Pflegebedürftigkeit.

Bei der Zuckereinstellung ist besonders auf ausreichende sportliche Betätigung zu achten, denn durch Bewegungsübungen kann die überflüssige Glukose leichter abgebaut werden.

Folgende Säfte wirken bei Diabetes blutzuckersenkend

10 Grünkohlblätter
10 Spinatblätter
2 grüne Paprikaschoten
1 Knoblauchzehe

Der Gemüsesaft sollte vor den Mahlzeiten in einer Menge von dreimal täglich 250 ml getrunken werden. Dadurch wird der Hunger nach Kohlehydraten gebremst und die Zuckerverwertung verbessert.

Liegt bei Diabetes ein <u>Mangel an Vitamin C</u> vor, kann folgende Mischung getrunken werden:

2 Grapefruits
1 Orange
1 Papaya
1 Honigmelone

Dreimal 100 ml vor den Mahlzeiten einnehmen. Dadurch wird dem Körper Vitamin C in ausreichender Menge zur Verfügung gestellt. Natrium wird durch den hohen Kaliumgehalt dieses Saftes verdrängt und die Glukoseverwertung im Körper verbessert.

<u>Fehlt</u> bei Diabetikern <u>Vitamin E</u>, ist folgende Säftemischung anzuraten:

10 Spinatblätter
3 Stangen Spargel
10 Karotten

Dreimal täglich vor den Mahlzeiten 150 ml trinken.

Wenn bei Diabetikern ein Chrommangel festgestellt worden ist, sollte folgende Mischung in der Menge von dreimal 200 ml vor den Mahlzeiten getrunken werden:

2 Kartoffeln
1 grüne Paprikaschote
2 Äpfel
10 Spinatblätter
1 rote Bete

Darüber hinaus ist es erforderlich, den Chrom-, Mangan-, Magnesium- und Kaliumgehalt halbjährlich untersuchen zu lassen.

Ist ein Manganmangel zu verzeichnen, kann diese Mischung helfen:

10 Spinatblätter
5 Rote-Bete-Blätter
20 Karotten
3 Broccoliröschen
1 kleine Zwiebel
2 Knoblauchzehen

Dieser Saft ist besonders reich an Mangan, Magnesium und Germanium. All diese Stoffe spielen im Zuckerstoffwechsel die Rolle eines Katalysators.

Bei Diabetes mit Zinkmangel sollten

3 cm Ingwerwurzel
1 Bund Petersilie
20 Kartoffeln
3 Knoblauchzehen
5 Karotten
3 Okraschoten

als Saft vor den Mahlzeiten zu je 100 ml getrunken werden.

Durch diese Mischung vergeht der Hunger auf Süßigkeiten, Schokolade und wertlose Nahrungsmittel, weil diese vitaminreiche Kost die Bedürfnisse des Körpers leicht befriedigt.

Gegen Heißhunger bei Diabetes ist diese Mischung zu empfehlen:

10 Spinatblätter
10 Karotten
1 Knoblauchzehe
1 kleine Zwiebel

Von diesem Saft nicht weniger als dreimal 100 ml täglich trinken. Dadurch lassen sich schädliche Eßgewohnheiten korrigieren. Die Wirkung dieser Mischung zeigt sich bereits nach zwei bis drei Wochen regelmäßiger Einnahme.

Wenn bei Diabetes Schwäche und Müdigkeit bestehen, sollte folgende Mischung getrunken werden:

50 g Petersilie
20 Spinatblätter
10 Karotten
1 kleiner Apfel
2 Stangen Sellerie
1 Knoblauchzehe

Durch diesen Extrakt wird der Körper mit Kalium, Mangan, Magnesium und Spurenelementen versorgt. Auch pflanzliche Katalysatoren für den Zuckerstoffwechsel kommen in dieser Mischung reichlich vor, so daß der Zuckerspiegel auf einer Konstanten niedrig bleibt. Eine normale Müdigkeit kann innerhalb von vier bis sechs Wochen beseitigt werden. Die körperliche Leistungsfähigkeit, der Antrieb, die Stimmung und das Wohlbefinden werden gesteigert.

Besteht ein abnormes Durstgefühl, ist folgende Mischung zu konsumieren:

5 Rote-Bete-Blätter
50 g Petersilie
10 Spinatblätter
10 Karotten
1 kleiner Apfel
2 Okraschoten

Diese dunkelgrüne Saftmischung beseitigt das abnorme Durstgefühl und läßt eine kalorienbeschränkte Diabetesdiät leichter durchhalten.

Wenn bei Diabetes Sehstörungen vorhanden sind, ist folgende Mischung hilfreich:

5 Broccoliröschen
1 Knoblauchzehe
2 Knollen rote Bete
20 Karotten
1 Tomate
1 grüne Paprikaschote

Diese Saftmischung enthält wertvolle Substanzen, die für die Funktionsfähigkeit der Netzhaut von entscheidender Bedeutung sind. Von dem Mischsaft nicht weniger als dreimal 150 ml täglich konsumieren. Innerhalb von vier bis fünf Monaten läßt sich eine deutliche Besserung der Hell-Dunkel-Wahrnehmung, der Farbwahrnehmung und der Lichtanpassung feststellen.

Häufig kommt es bei Diabetes zu Empfindungsstörungen in den Armen und Beinen, zum Beispiel nachts zu schmerzhaftem Kribbeln und Ziehen in den Extremitäten. Dagegen hilft diese Saftmischung:

1 Bund Petersilie
3 Tomaten
1 grüne Paprikaschote
2 Okraschoten

Dreimal täglich 250 ml vor den Mahlzeiten trinken. Dadurch verbessert sich die Diabeteseinstellung, der Heißhunger vergeht, das Bedürfnis, große Mengen zu trinken, läßt nach, und die nächtlichen Mißempfindungen hören auf. Auch die Kraft und die Ausdauer, die beim Diabetiker häufig geschwächt sind, können durch diese Saftmischung gestärkt werden. Die Saftkur mindestens ein halbes Jahr lang durchführen.

Sind <u>Gangunsicherheit, Schweißausbrüche, Verwirrtheitszustände</u> und <u>Konzentrationsschwäche</u> zu beklagen, empfiehlt es sich, folgende Saftmischung zu trinken:

3 cm Ingwerwurzel
5 cm Brennesselwurzeln
3 cm Meisterwurz
100 g Stangensellerie
3 Okraschoten
2 Äpfel
10 Karotten

Diese Saftmischung ist imstande, diabetesbedingte Schwächezustände geistiger und körperlicher Art auszugleichen, jedoch ist eine längere Behandlungsdauer von mindestens sechs bis neun Monaten notwendig, um sichere Erfolge zu erzielen.
Bei jeder Diabetesbehandlung ist es nötig, die Obst- und Gemüsemischungen über einen längeren Zeitraum zu trinken, denn der Körper braucht die in frischen Obst- und Gemüsesäften enthaltenen Enzyme, Vitamine und Spurenelemente.

Durchfall

Es gibt wohl kaum jemanden, der nicht schon an Durchfall erkrankt ist. Im Grunde genommen wird er auch kaum noch als gefährlich angesehen. Und doch kann er das sehr unangenehme und oft mit Schmerzen im Unterleib verbundene Anzeichen für eine schwere Erkrankung wie Ruhr, Entzündung des Dickdarms oder Morbus Crohn sein. Das muß durch eine internistische Untersuchung geklärt werden. Nicht selten wird der Durchfall auch durch eine Allergie auf bestimmte Lebensmittel ausgelöst. Werden diese Lebensmittel vom Speiseplan gestrichen, bessert sich das Krankheitsbild schlagartig.

Es sollte auf jeden Fall viel Flüssigkeit aufgenommen werden, um einer Austrocknung (Exsikkose) vorzubeugen. Besonders bei Jugendlichen ist eine Austrocknung des Körpers ein lebensbedrohlicher Zustand. Kinder, die an Brechdurchfall leiden und nichts mehr bei sich behalten, sollten sofort klinisch versorgt werden. In den meisten Fällen können Infusionen mit genau ausgetesteten Elektrolytlösungen das Leben retten.

Bei Durchfall ist besonders auf den Verzehr von pektinreichen Früchten Wert zu legen. Folgende Saftmischung ist zu empfehlen:

3 Äpfel
1 Mandarine
2 cm Ingwerwurzel

Von dieser Mischung sollten täglich dreimal 150 ml getrunken werden. Dadurch kann auch hartnäckiger Durchfall zum Stillstand gebracht werden. Auch Joghurtarten, die reich an *Lactobacillus acidophilus* sind, werden vom Darm gut vertragen. Sie normalisieren die Darmflora, wodurch krankmachende Bakterienstämme an der Zellteilung gehindert und ausgeschieden werden.

74

Als heilsam bei Durchfallerkrankungen haben sich geriebene Äpfel erwiesen. Es können auch im Mixer

1 Banane
1 Kakifrucht
1 Apfel

zu Brei verarbeitet werden. Von diesem Brei ist fünfmal am Tag ein kleiner Teller voll zu essen. Nachdem der Durchfall zum Stillstand gekommen ist, kann auf eine leichte Kost umgestellt werden.

Folgende Mischung empfiehlt sich insbesondere bei Folsäuremangel:

10 Spinatblätter
3 Grünkohlblätter
5 Rote-Bete-Blätter
2 Broccoliröschen
1 Okra
1 kleine Knoblauchzehe

Diese Saftmischung ist mineralstoffreich – sie enthält Kalium, Calcium, Magnesium, Molybdän und Germanium in ausreichender Menge – und auch ein Mangel an Folsäure wird damit schnell ausgeglichen.

Wenn ein Mangel an Natrium und Chlorid vorliegt, kann folgende Mischung getrunken und die Folgen eines Durchfalls schneller überwunden werden:

10 Rote-Bete-Blätter
2 Knollen rote Bete
10 Spinatblätter
3 Stangen Sellerie
20 Karotten
1 Zwiebel

Den Saft über den Tag verteilt in vier bis fünf Portionen trinken.

Nach einem längeren Durchfall ist immer auf einen Kalium-mangel zu achten. Kalium kann durch folgende Saftkombination auf schonende Weise ergänzt werden:

100 g Petersilie
3 Knoblauchzehen
20 Spinatblätter
10 Karotten
3 Rotkohlblätter

Von dieser Mischung trinkt man mindestens vier- bis fünfmal täglich 150 ml. Nach ein bis zwei Tagen ist der Kaliumspiegel zu kontrollieren. Sollte diese Saftdroge nicht ausreichen, kann Kalium in Form von Brause oder Tabletten zugeführt werden.

Bei einem Magnesiummangel hilft diese Mischung:

10 Rote-Bete-Blätter
5 Spinatblätter
1 Bund Petersilie
2 Mangoldblätter
3 Blätter Kopfsalat

Dreimal 150 ml vor den Mahlzeiten trinken. Liegen die Werte nach zwei Tagen immer noch unterhalb der Norm, kann auch ein Magnesiumpräparat (z. B. *Magnosolv*) zugeführt werden.

Wenn der Durchfall längere Zeit andauert, ist zu dieser Mischung zu raten:

10 Kohlblätter
3 Endiviensalatblätter
2 Tomaten
1 Spargel
1 Okra
1 kleine Knoblauchzehe

76

Diese Mischung wirkt auf den Darm bakterizid und beseitigt pathogene Keime. Eine Anwendungszeit von zwei bis drei Wochen ist empfehlenswert, um einen Rückfall zu vermeiden.

Ist Streß die Ursache für den Durchfall, kann folgende Saftmischung helfen:

10 Spinatblätter
20 Karotten
1 Hopfenzapfen
1 kleine Zwiebel
3 cm Baldrianwurzel

Von dieser Mischung trinkt man täglich dreimal 50 ml. Dadurch kann streßbedingter Durchfall innerhalb kurzer Zeit beseitigt werden.

Wenn der Durchfall durch Darmparasiten hervorgerufen wurde, empfiehlt sich folgende Saftmischung:

3 cm Ingwerwurzel
1 Pampelmuse
2 Gewürznelken
1 Knoblauchzehe
5 Salbeiblätter

Täglich dreimal 200 ml vor den Mahlzeiten trinken. Diese Mischung sollte so lange eingenommen werden, bis keine Wurmeier mehr nachweisbar sind und sich eine eventuell vorhandene Eosinophilie zurückgebildet hat. Die Eosinophilie ist eine Blutbildveränderung, die anzeigt, ob eine Allergie oder Darmparasiten vorliegen.

Tritt der Durchfall infolge einer <u>Nahrungsmittelunverträglich</u>-<u>keit</u> auf, ist diese Mixtur erfolgreich:

3 Broccoliröschen
3 Knoblauchzehen
15 Karotten
1 Stange Sellerie
$^{1}/_{2}$ grüne Paprikaschote

Diese Saftmischung ist täglich vor den Mahlzeiten in einer Menge von mindestens 150 ml einzunehmen.

Epilepsie

(Anfallsleiden)

Für einen Außenstehenden ist dieses Krankheitsbild erschrek-kend. Der Erkrankte wird ohnmächtig, schlägt um sich, und es bildet sich Schaum vor dem Mund. Ein typischer Anfall von Epilepsie, wobei die Selbstverletzungsgefahr enorm ist. Bei leichten Anfällen kommt es zu kurzzeitigen Bewußtseinstrübungen, die nur von einem Fachmann als epileptisch erkannt werden können. Besonders Kinder leiden unter dieser Art von Anfällen (Petit mal). Charakteristisch dabei ist ein kurzes Nicken des Kopfes, das Verdrehen der Augen, und ein Tonusverlust der Muskulatur. Mitten im Satz tritt eine Pause ein. Nach ein bis zwei Sekunden ist wieder der normale Zustand erreicht.

Von diesen leichten Anfällen gibt es jede Übergangsform zu schweren Attacken, die mit Kribbeln im Bauch, Lichterscheinungen oder Zucken im kleinen Finger beginnen. Dann breitet sich der Krampf über den ganzen Körper aus, die Augen sind verdreht, Schweiß tritt auf die Stirn, die Arme strecken und beugen sich, Schaum kommt aus dem Mund. Oft gehen auch Urin oder Kot ab. Die Bewußtlosigkeit dauert meist zwei bis drei Minuten, dann kommt der Kranke langsam wieder zu sich. Nach einem solchen Anfall ist das Bewußtsein einige Zeit getrübt, und erst nach ein bis zwei Tagen ist wieder der Normalzustand erreicht.

In vielen Fällen von Epilepsie ist es nicht möglich, ein Kraftfahrzeug zu lenken oder Arbeiten zu verrichten, die mit einer bestimmten Konzentrationsfähigkeit verbunden sind. Nachdem die meisten Mittel gegen Epilepsie (Antikonvulsiva) sehr starke Nebenwirkungen haben, sollten statt dessen frische Gemüsesäfte eingenommen werden. Auf diese natürliche Weise kann eine Linderung der Epilepsie erreicht werden. Es ist sogar möglich, durch eine konsequente Anwendung pflanzlicher Mittel eine Epilepsie zu beseitigen. Täglich sollten mehrere Gläser Saft aus verschiedenen Gemüsesorten verabreicht werden.

Ist Epilepsie durch <u>Alkoholmißbrauch</u> entstanden, kann folgende Saftmischung helfen:

100 g Rote-Bete-Blätter
10 Mangoldblätter
5 Grünkohlblätter
1 cm Ingwerwurzel
20 Karotten

Dieser Saft sollte dreimal täglich vor den Mahlzeiten in einer Menge von insgesamt 750 ml getrunken werden. Dadurch kommt es zu einer Entgiftung des Körpers, die Leberwerte verbessern sich, der Gallefluß wird gesteigert, die Sekretion der inneren Drüsen wird angeregt, der Harnsäurespiegel normalisiert sich, und auch die Harnsäure im Blutserum wird auf Normalwerte gebracht. Durch die Entgiftungsfunktion dieses Saftes läßt sich die Anfallshäufigkeit innerhalb von drei bis vier Monaten deutlich verringern. Aber auch wenn über ein halbes Jahr keine Anfälle mehr vorkommen, sollte dieser Saft prophylaktisch weitergetrunken werden.

Wurden die Anfälle durch <u>Kopfverletzungen</u> hervorgerufen, ist zu dieser Saftmischung zu raten:

10 Karotten
2 Knoblauchzehen
10 Kohlblätter
2 Okraschoten
3 Rote-Bete-Blätter

Auch diese Saftkombination sollte über längere Zeit eingenommen werden. Empfehlenswert sind dreimal 250 ml täglich vor den Mahlzeiten. Die Kur ist mindestens über sechs bis zwölf Monate durchzuführen.

Viele epileptische Anfälle können durch einen schlecht eingestellten Blutzuckerspiegel entstehen. Oft ist es dann schwer, herauszufinden, ob es ein epileptischer Anfall war oder ein hypoglykämischer Schock. Bei Epileptikern sollte auch der Manganspiegel gemessen werden. Auch die Feststellung des Selen- und Molybdängehaltes des Blutes ist wichtig. Sämtliche Vitaminstoffe, Spurenelemente und Micronährstoffe müssen im idealen Bereich liegen, um einer Anfallsbereitschaft entgegenzuwirken.

Bei einem <u>Mangel an Cholin</u> kann folgende Saftmischung getrunken werden:

50 g Zuckererbsen
1 kleine Kartoffel
10 Kohlblätter
1 Knoblauchzehe

Von dieser Mischung eine Menge von mindestens dreimal 100 ml vor den Mahlzeiten einnehmen. Dadurch kann ein bestehender Cholinmangel ausgeglichen werden.

Sollte bei dem Anfallsleiden ein <u>Zinkmangel</u> aufgetreten sein, ist folgende Saftmischung zu trinken:

3 cm Ingwerwurzel
50 g Petersilie
3 Knoblauchzehen
20 Karotten
3 Mangoldblätter

Mindestens dreimal 100 ml täglich vor den Mahlzeiten einnehmen. Dadurch kann ein Zink-, Selen-, Germanium- und Molybdänmangel ausgeglichen und die Anfallshäufigkeit halbiert werden. Zinksalze sind besonders wichtig, um defekte Stellen der großen Hirnrinde auszuheilen. Dadurch vermindert sich die Anfallshäufigkeit auf natürliche Weise.

Ein Anfallsleiden kann jeden Menschen treffen. Es wird verursacht durch Giftstoffe, die den Körper schädigen, wodurch der Stoffwechsel aus dem Gleichgewicht kommt. So kann die regelmäßige Einnahme von täglich mehr als 100 g Alkohol innerhalb von 15 bis 20 Jahren eine alkoholbedingte Epilepsie hervorrufen.

Wenn das Anfallsleiden durch einen Vitamin-B$_6$-Mangel verursacht wurde, empfiehlt es sich, folgende Säftemischung einzunehmen:

10 Grünkohlblätter
10 Spinatblätter
1 kleine Kartoffel
2 Knoblauchzehen
3 Mangoldblätter

Diese Saftmischung sollte mindestens ein halbes Jahr lang getrunken werden. Nach dieser Zeit muß der Vitamin-B$_6$-Spiegel überprüft werden. Wenn zu den natürlichen Pflanzensäften synthetische Antikonvulsiva gegeben werden, sollte regelmäßig das Blutbild geprüft werden, um Schäden vorzubeugen.

Gedächtnisstörungen

Bei jedem, ob gesund oder krank, kommen Gedächtnisstörungen vor. Es ist wahrscheinlich nur ein gradueller Unterschied, wie stark diese Störungen vom einzelnen empfunden werden. Schon Kinder vergessen die Hausaufgabe, die Schultasche, Hefte oder Bücher. Auch im Erwachsenenalter werden vielfach Namen, Orte, Begebenheiten, Zeitabläufe verwechselt, vergessen oder man erinnert sich einfach nicht mehr. Das Gehirn ist nämlich ein sehr empfindliches Organ und leidet lange, bevor andere Organe betroffen sind, an erster Stelle. Wenn z. B. bei einem Alkoholiker die ersten Leberstörungen nachweisbar sind, haben die ersten Gehirnausfälle schon lange vorher eingesetzt. Wenn der Gedächtnisverlust bereits im frühen Alter von 40 bis 50 Jahren auftritt, spricht man von präseniler Demenz oder in bestimmten Fällen auch von Morbus Alzheimer. Andere Fälle von Gedächtnisverlust werden als organische Demenz bezeichnet, wenn körperliche Krankheiten dazu geführt haben. Bei einer Leberzirrhose ist auch mit einer Gedächtnisschwäche zu rechnen, besonders dann, wenn die Ursache für die Zirrhose in einem jahrelangen Alkoholmißbrauch bestanden hat. Aber auch bei Niereninsuffizienz kommt es zu einer Gedächtnisschwäche, wenn harnpflichtige Substanzen verzögert ausgeschieden werden. Das gleiche gilt für die Zuckerkrankheit.

Vom 60. oder 70. Lebensjahr an sind Gedächtnisausfälle besonders häufig. Nach dem 80. Lebensjahr nehmen die Gedächtnisausfälle rasch zu. Erstaunlicherweise kann das Gedächtnis relativ lange gut erhalten bleiben, wenn regelmäßige Übungen durchgeführt werden, und wenn das Erinnerungsvermögen jeden Tag gefordert wird. Besonders anfällig ist das Kurzzeitgedächtnis, das Alt- oder Langzeitgedächtnis dagegen ist relativ stabil.

Säfte zur Verbesserung des Kurzzeitgedächtnisses

10 Kohlblätter
1 rote Bete
50 g Petersilie
1 Okra

Von diesem Saft sollten mindestens dreimal täglich 150 ml getrunken werden. Die Mischung ist besonders reich an Spurenelementen, Magnesium, Mangan, Selen und Germanium. Außerdem enthält sie sehr viel Riboflavin, ein Vitamin, das zum B-Komplex gehört.

Liegt bei der Gedächtnisstörung ein <u>Betacarotinmangel</u> vor, ist zu dieser Mischung zu raten:

20 Karotten
3 Grünkohlblätter
1 Knoblauchzehe
5 Mangoldblätter

Davon täglich dreimal 250 ml trinken. Dieser Saft ist reich an Spurenelementen, Magnesium, Mangan und Molybdän. Außerdem enthält er sehr viel Betacarotin.

Hängt ein <u>Folsäuremangel</u> mit der Gedächtnisstörung zusammen, kann folgende Mischung helfen:

3 Stangen Spargel
20 Spinatblätter
3 Grünkohlblätter
1 grüne Paprikaschote

Diese Saftmischung ist reich an Folsäure. Es sollten davon täglich mindestens dreimal 150 ml getrunken werden. Dadurch wird der Aufbau von Acetylcholin gefördert und die Verbindung von Kurz- und Langzeitgedächtnis aktiviert.

Basiert die Gedächtnisstörung auf einem <u>Eisenmangel</u>, ist folgende Mischung zu empfehlen:

10 Blätter Grünkohl
1 Bund Petersilie
1 cm Ingwerwurzel
100 g Brunnenkresse

Mit diesem Trunk können die Eisendepots des Körpers wieder aufgebaut werden. Wenn ein hartnäckiger Eisenmangel vorliegt, sollte dieser Mischsaft mindestens ein halbes Jahr lang getrunken werden.

Ist die Gedächtnisstörung auf einen <u>Vitamin-C-Mangel</u> zurückzuführen, sollten täglich drei Kautabletten zu je 500 mg Vitamin C eingenommen werden. Als Pflanzensaft ist folgende Kombination anzuraten:

1 rote Paprikaschote
100 g Kresse
1 Bund Petersilie
1 Orange
10 Karotten

Diese Mischung ist besonders reich an Vitamin C, Betacarotin, Vitaminen des B-Komplexes und Spurenelementen.

Sind Gedächtnisstörungen aufgrund von <u>Altersschwäche</u> aufgetreten, empfiehlt es sich, folgende Saftmischung zu trinken:

1 Grapefruit
1 Papaya
1 Apfel
10 Karotten

Dreimal täglich 250 ml trinken. Es ist zu einer Langzeitbehandlung über ein Jahr zu raten, danach kann durch einen Test sicher eine deutliche Besserung des Kurz- und Langzeitgedächtnisses festgestellt werden. Auch die Denkvorgänge werden erleichtert.

Bei <u>Orientierungsstörungen</u> hat sich diese Saftmischung bewährt:

1 Papaya
3 Kakifrüchte
3 Kaktusfeigen
1 Maracuja

Von dieser Kombination trinkt man täglich dreimal 200 ml. Die Saftkur wirkt besonders dann, wenn sie als Langzeittherapie angesetzt ist. Es ist bemerkenswert, daß diese Saftmischung zuerst die Orientierung zur eigenen Person verbessert, dann das zeitliche Gedächtnis, und schließlich die Orientierungsfähigkeit in lokaler Hinsicht zunimmt.

Bei <u>Gedächtnisstörungen</u>, die mit <u>Schwerbesinnlichkeit</u> verbunden und die Denkvorgänge verlangsamt sind, empfiehlt es sich, folgende Saftmischung mindestens über ein halbes Jahr einzunehmen:

2 Kiwis
1 Papaya
2 Mango (entsteint)
2 Guavefrüchte
1 Pampelmuse

Dieser Mischsaft ist wohlschmeckend und imstande, die Denkvorgänge zu erleichtern und das Gedächtnis zu aktivieren. Gleichzeitig wird dabei sowohl das formale wie auch das inhaltliche Denken verbessert.

Liegen <u>Störungen der abstrakten Denkvorgänge</u> vor, ist zu dieser Saftmischung zu raten:

100 g Kapuzinerkresse
10 Mangoldblätter
100 g Rapunzelsalat
1 Sellerieknolle
100 g Bärlauch
2 Knoblauchzehen

Dreimal täglich 150 ml über längere Zeit hinweg konsumieren. Dadurch werden die abstrakten Denkvorgänge erleichtert. Diese Mischung hat vermutlich eine direkte aktivierende Wirkung auf biogene Überträgerstoffe. Andererseits werden durch die Saftmischung die Blutfettwerte normalisiert, so daß sich die Zirkulation in bestimmten Hirnarealen verbessert.

Werden Gedächtnisstörungen durch <u>Depressionen und Stim-</u><u>mungsschwankungen</u> hervorgerufen, ist folgende Saftmischung wirksam:

4 Passionsfrüchte
5 Kaktusfeigen
3 Guavefrüchte
3 Granatäpfel
2 Grapefruits

Dieser Saft ist wohlschmeckend und sollte täglich in größerer Menge eingenommen werden, etwa dreimal 250 ml. Auch bei dieser Mixtur wird die Zirkulation positiv beeinflußt, und das Blut kommt mit seinen Nährstoffen besonders gut in jene Regionen, die mit Stimmungslage, Verhalten und Befindlichkeit assoziiert sind.

Wenn Gedächtnisstörungen aufgrund von <u>depressiven Gedan-</u><u>ken</u> wie Selbstwertzweifeln, Angstzuständen und Beklemmungen vorkommen, kann diese Säftemischung helfen:

300 g Passionsfrüchte
100 g Loquats
200 g Litchis
200 g Sapotefrüchte

Diesen Mischsaft sollte man dreimal täglich vor den Mahlzeiten trinken. Dadurch werden der Antrieb gebessert, das Gedächtnis aktiviert und Gedächtnisinhalte fester und schneller verankert.

Kommt es neben Gedächtnisstörungen zu einem <u>Nachlassen der Konzentration</u>, empfiehlt es sich, folgende Saftmischung einzunehmen:

3 cm Ingwerwurzel
200 g Rosenkohl
5 Okraschoten
100 g Brunnenkresse
150 g Kapuzinerkresse
2 Knoblauchzehen
1 kleine Zwiebel
20 Karotten

Diese Saftmischung ist reich an Spurenelementen, Vitaminen und Mineralstoffen. Durch das vollwertige Angebot an pflanzlichen Enzymen und Wirkstoffen wird die Konzentrationsfähigkeit gestärkt, der Allgemeinzustand gebessert und eine bessere Gedächtnisleistung erreicht.

Sind die Gedächtnisstörungen mit <u>Angst, Mißtrauen und paranoiden Gedanken</u> verbunden, ist zu folgendem Saft zu raten:

3 Sapotefrüchte
2 Granatäpfel
2 Passionsfrüchte
1 Pomelo
2 Guavefrüchte
2 Physalisfrüchte

Von dieser wohlschmeckenden Mischung trinkt man täglich dreimal 250 ml. Die Sauerstoffaufnahme im Gehirn wird erleichtert, der Adrenalin- und Noradrenalinstoffwechsel normalisiert, der bei Gedächtnisstörungen und paranoiden Gedanken oft auffällig abweicht. Bei regelmäßiger Anwendung des Saftes bessern sich bereits nach drei Wochen die Denkvorgänge.

Bei Gedächtnisstörungen, die infolge von <u>Depressionen im Alter</u> auftreten, eignet sich folgende Säftemischung:

3 Maracujas
3 Acerolakirschen
200 g schwarze Johannisbeeren
3 Sternäpfel
2 Sapotefrüchte

Täglich dreimal 150 ml. Der Saft sollte bis zum Abklingen der Gedächtnisstörungen genommen werden. Mit einer Besserung ist innerhalb von zwei bis drei Monaten zu rechnen.

Kommt es neben den Gedächtnisstörungen zu <u>Konzentrationsmangel, Arbeitsunlust und Orientierungsstörungen</u>, sollte folgende Saftmischung mindestens drei bis vier Monate hindurch in einer Trinkmenge von dreimal 150 ml täglich eingenommen werden:

100 g Brunnenkresse
100 g Kapuzinerkresse
3 cm Ingwerwurzel
1 mittlere Aubergine
3 Okraschoten
150 g Rapunzelsalat
100 g Bärlauch

Diese Sorten sind sofort nach dem Preßvorgang frisch zu nutzen. Die Gehirndurchblutung wird verbessert, wodurch sich eine bessere Hirnleistung ergibt. Sowohl das Kurz- als auch das Langzeitgedächtnis werden aktiviert. Zuerst ist die Verbesserung des Kurzzeitgedächtnisses spürbar, nach einigen Wochen geht auch eine Störung des Langzeitgedächtnisses auf erstaunliche Weise zurück. Diese Saftkur wirkt wahrscheinlich durch eine Entgiftung des Körpers.

Gelenkbeschwerden

Sie erleben höllische Qualen bereits im Diesseits. Was ihnen das Leben fast unerträglich macht, sind äußerst schmerzhafte Entzündungen der Gelenke. Meistens ist das betroffene Gelenk gerötet, geschwollen und in der Bewegung stark eingeschränkt. Am häufigsten kommen Gelenkentzündungen bei rheumatischem Fieber, rheumatischen Erkrankungen, aber auch bei Schuppenflechten vor.

Bei einer Erhöhung der Harnsäure über 6,5 mg/dl spricht man von Gicht. Wenn die Rheumafaktoren positiv sind, liegt ein serologisch positives Rheuma vor. Bei länger dauernder Erkrankung kommt es zur Zerstörung der Gelenke und zu einer ständigen Bewegungseinschränkung.

Für Gelenkentzündungen ist eine morgendliche Steifheit der Gelenke charakteristisch. Nach längerem Aufsein legt sich diese Unbeweglichkeit, und die Schmerzen lassen im Lauf des Vormittags etwas nach. Wird diese Krankheit nicht behandelt, so versteifen die Fingergelenke, die Kniegelenke sind nicht mehr elastisch, und die Schultergelenke verlieren ihre normale Funktion und Beweglichkeit.

Bei positiven Rheumafaktoren empfiehlt es sich, vier- bis fünfmal täglich folgende Saftmischung zu trinken:

100 g Broccoli
150 g Grünkohl
50 g Petersilie
100 g Spinatblätter

Wird von diesem Saft eine ausreichende Menge eingenommen, normalisiert sich die Blutkörpersenkung innerhalb von drei bis vier Wochen. Die entzündlichen Gelenkbeschwerden lassen nach und die Beweglichkeit nimmt zu.

Ebenso heilsam ist folgende Mischung:

100 g Ananassaft
200 g Karotten
50 g Ingwerwurzel
100 g Apfel

Davon dreimal täglich je 250 ml vor den Mahlzeiten trinken. Diese Menge reicht aus, um hartnäckige Gelenkbeschwerden zu beseitigen.

Bei rheumatischem Fieber ist folgende Mischung zu empfehlen:

3 Knoblauchzehen
10 Karotten
1 Tomate
1 Stange Sellerie
1 rote Paprikaschote

entsaften und dreimal täglich eine Tasse vor den Mahlzeiten trinken. Das führt zu einem stark entwässernden, entzündungshemmenden und antibiotischen Effekt. Durch diese Mischung lassen sich auch starke Rheumamittel einsparen, die gefährliche Nebenwirkungen haben.

Hier ein Gemüsesaft bei stark erhöhter Blutsenkung:

2 cm Ingwerwurzel
6 Karotten
5 Spinatblätter

Dreimal täglich eine Tasse vor den Mahlzeiten trinken. Innerhalb von zwei bis drei Wochen werden sich die ersten Erfolge zeigen. Die Gelenkbeweglichkeit wird besser, die Gelenke schwellen ab und alle Entzündungszeichen des Körpers werden abgeschwächt.

Wenn die Kniegelenke von einer rheumatischen Erkrankung betroffen sind, empfiehlt es sich, dreimal täglich 250 g von folgender Mixtur zu trinken:

10 % Petersilie
30 % Broccoli
60 % Karotten

Den frisch gepreßten Saft vor den Mahlzeiten zu sich nehmen. Zusätzlich können Kohlblätter über Nacht auf die entzündeten Kniegelenke gelegt werden, um auch durch eine lokale Therapie ein Fortschreiten der Entzündung zu verhindern.

Bei stark wechselnden Gelenkbeschwerden, wobei einmal die Schultergelenke, dann wieder die Arm-, Hand- und Fingergelenke betroffen sind, ist folgende Mischung ratsam:

60 % Karotten
10 % Ingwerwurzel
30 % Äpfel

Dreimal täglich je 250 ml vor den Mahlzeiten trinken.

Ist bei einer Gelenkerkrankung die Bewegung stark eingeschränkt, kann folgende Mischung helfen:

3 cm Ingwerwurzel
100 g Petersilie
5 Knoblauchzehen
300 g Karotten

Diesen Mischsaft über vier bis sechs Wochen trinken. Erst dann stellt sich der gewünschte Erfolg ein.

Bei einem <u>Kaliummangel</u> und einem <u>Natriumüberschuß</u> sollte diese Mischung getrunken werden:

100 g Petersilie
5 Spinatblätter
10 Karotten
1 Stange Sellerie

Vier- bis fünfmal täglich 250 ml einnehmen. Bei dieser Saftkur werden die Entzündungsfaktoren vermindert. Auch das Immunsystem wird angeregt und der Körper angespornt, die Neigung zu Gelenkentzündungen zu besiegen.

Bei Gelenkbeschwerden, die mit einem <u>schlechten Allgemeinzustand</u> verbunden sind, empfiehlt es sich, folgende Kombination dreimal täglich zu je 250 ml zu trinken:

5 % Knoblauch
65 % Karotten
10 % Sellerie
20 % grüne Paprikaschoten

Durch diese Mischung gelingt es, Müdigkeit, Schwäche, Fieberanfälle und Gelenkentzündungen innerhalb von vier bis sechs Wochen zu beseitigen. Wenn diese Diät konsequent durchgeführt wird, kann auch ein Rückfall vermieden werden.

Bei stark <u>entzündeten und deformierten Gelenken</u> sollte folgende Gemüsesaftmischung angewendet werden:

2 mittelgroße Knollen rote Bete
3 cm Ingwerwurzel
3 Äpfel
20 Karotten

Über den Tag verteilt schluckweise trinken. Durch diesen Saft wird die Funktionsfähigkeit der Gelenke wiederhergestellt. Er sollte regelmäßig über einen längeren Zeitraum konsumiert werden. Dabei regeneriert sich das Blutbild, und die Entzündungsfaktoren im Blut nehmen ab. Wird der Saft über ein bis zwei Jahre angewendet, können auch die Rheumafaktoren in den normalen Bereich zurückkehren.

Um Eintönigkeit zu vermeiden, kann zwischendurch folgender Saft gepreßt werden:

2 Mangos
1 Ananas
1 Papaya

Der Saft sollte schluckweise über den ganzen Tag verteilt getrunken werden. Dadurch schwindet das Hungergefühl, Entzündungsfaktoren werden eingeschränkt, und das Wohlbefinden nimmt zu.

Bei rheumatischen Beschwerden in den Fußgelenken sollte folgender Saft getrunken werden:

5 Spinatblätter
3 Kohlblätter
10 Karotten
2 Äpfel

Ein maximaler Effekt tritt bei dreimal täglich je 250 ml ein. Der Erfolg dieser Rheumakur sollte von einem Laborarzt oder von einem Internisten dokumentiert werden, denn je nach dem Behandlungserfolg sollte bei der Therapie geblieben oder auf andere Gemüsesorten in unterschiedlicher Konzentration umgestellt werden.

Bei <u>Beschwerden in den Hüftgelenken</u> ist folgende Mischung anzuwenden:

10% Petersilie
40% rote Bete
10% Broccoli
40% Karotten

Dreimal täglich vor den Mahlzeiten 250 ml trinken. Nach vier bis fünf Wochen nimmt die Funktionsfähigkeit der Hüftgelenke deutlich zu. Die Schmerzen beim Gehen lassen nach und das Treppensteigen ist wieder ohne Schmerzen möglich.

Gicht

Der 47jährige Gymnasiallehrer verfluchte die Augenblicke, in denen er unmittelbar vor den Schmerzen wußte: Jetzt ist es soweit. Die Zehen bogen sich nach oben, die Hände verkrampften sich, und der Schmerz durchfuhr ihn wie ein glühendes Messer. Er hatte wieder einmal einen Gichtanfall.
Unter Gicht versteht man eine Erhöhung der Harnsäure, die in den Finger- und Fußgelenken auskristallisiert. Besonders betroffen sind die große Zehe und der Daumen. Auch hinter dem Ohr setzen sich manchmal Kristalle ab, die als Knoten oder Verhärtungen in der Ohrmuschel tastbar sind. Bei schwerem Gichtbefall sind diese Verhärtungen sehr groß und schmerzhaft. Die betroffenen Gelenke werden schließlich bewegungsunfähig.
Gichtkranke sollten unbedingt auf Alkohol, Kaffee, Süßigkeiten und schwarzen Tee verzichten. Das gilt auch für Fleisch und Innereien wie Leber, Milz und Nieren sowie Krustentiere, Heringe, Sardinen, Thunfisch, Sardellen und Geflügel.

Bei <u>Gicht</u> ist folgende Saftmischung empfehlenswert:

10 Grünkohlblätter
2 rote Bete
3 Broccoliröschen

Davon täglich 250 ml konsumieren, um einen optimalen, die Harnsäure ausscheidenden Effekt zu erreichen. Die Mischung ist reich an Folsäure, womit Schäden, die durch einen erhöhten Harnsäurespiegel entstanden sind, ausgeglichen werden können.

Wenn durch eine <u>erhöhte Harnsäure</u> bereits Schäden an den Gelenken aufgetreten sind, ist folgender Mischsaft zu empfehlen:

1 Ananas
1 Papaya
1 Mango
2 Sapotefrüchte

Die Trinkmenge beträgt mindestens 750 bis 1000 ml täglich. Eine derart große Flüssigkeitsmenge ist notwendig, um die Harnflut anzuregen und damit die Ausscheidung von Harnsäure zu fördern. Außerdem hat diese Saftmischung einen entzündungshemmenden Effekt, so daß sich auch von der Harnsäure angegriffene Gelenke regenerieren können.

Sind bereits <u>Gichtknoten</u> entstanden, empfiehlt es sich, folgende Saftmischung zu trinken:

2 Äpfel
2 Stangen Sellerie
2 Okraschoten
1 Stück Nangka (Jackfrucht)

Diese Kombination sollte gleich nach dem Zentrifugieren getrunken werden, und zwar jeweils 100 ml vor den Mahlzeiten.

96

Die sehr pektinreiche Saftmischung reduziert deutlich die Harnsäure im Körper. Außerdem wird dadurch das Verlangen nach protein- und purinreichen Nahrungsmitteln eingeschränkt, da diese Mixtur von Natur aus schnell sättigt.

Treten die <u>Anfälle in regelmäßigen Abständen</u> auf, ist diese Mischung zu empfehlen:

1 Papaya
2 Pitangafrüchte
2 Guavefrüchte
3 cm Ingwerwurzel
1 kleine Zwiebel

Die aromatische Säftemischung schmeckt gut und wird gern getrunken. Sie sollte über einen Zeitraum von drei bis vier Monaten eingenommen werden, bis die Harnsäure auf den Normalwert gesunken ist. Vorbeugend sollte der Mischsaft mindestens drei bis vier Monate weiter getrunken werden, um den Harnsäurespiegel zu stabilisieren.

Wenn bei den Gichtanfällen <u>streng lokalisierte Beschwerden</u> auftreten, so ist zu folgender Saftmischung zu raten:

2 Äpfel
1 Ananas
5 Rote-Bete-Blätter
10 Karotten

Diese Mischung ist sehr vitaminreich und enthält Betacarotin, Chlorophyll, Spurenelemente und Mineralstoffe. Bereits nach drei bis vier Wochen werden krankhafte Harnsäureansammlungen aufgelöst. Die Trinkmenge sollte mindestens dreimal täglich 100 ml betragen. Zur Erfolgskontrolle ist der Harnsäurespiegel in regelmäßigen Abständen festzustellen.

Grippe

In jedem Frühjahr und Herbst rauscht die Grippe durch den Blätterwald. Noch vor zwanzig Jahren wäre dazu kein Anlaß gewesen. Man nahm die Grippe lediglich als ein unangenehmes Übel hin. Doch dann tauchten sehr gefährliche Virenstämme, meist aus dem asiatischen Raum auf, die gegenüber herkömmlichen Mitteln resistent sind. Jetzt wurde überall von Epidemien gesprochen, die einen Killercharakter hätten. Die Grippe wurde zum Angstgegner, und das keineswegs zu Unrecht.
Meist handelt es sich dabei um eine fieberhafte Erkrankung mit einer Infektion der oberen Luftwege, z. B. des Kehlkopfes und des Rachens. Manchmal ist auch eine Angina dabei mit Schwellung des Rachenrings, Fieber, eitrigen Mandeln, Gelenkbeschwerden, Erschöpfungszuständen und Kältegefühl. Die einzig wirksame Methode, einer Grippe vorzubeugen, besteht darin, alles zu tun, was das Immunsystem stärkt. Wenn der Körper in irgendeiner Weise geschwächt ist, kommen grippeähnliche Erkrankungen gehäuft vor. Schlechte Ernährung, Genußgifte, wie z. B. Kaffee, Nikotin und Alkohol, Schlafmittel, Beruhigungsmittel, aber auch psychischer und körperlicher Streß können dazu beitragen, das Immunsystem zu schwächen und einer Grippeerkrankung Vorschub zu leisten.

Im Anfangsstadium einer Grippe hat sich folgende Saftmischung bewährt:

2 Tomaten
1 Bund Petersilie
2 Aprikosen
1 Grapefruit

Von dieser Mischung sollten täglich dreimal 250 ml getrunken werden. Dieser Saft ist reich an Bioflavonoiden, Vitaminen, Spurenelementen und Mineralstoffen, die den Körper allgemein stärken.

Wenn die <u>Grippe mit höherem Fieber</u> verbunden ist, kann dieser Trunk empfohlen werden:

3 cm Ingwerwurzel
1 Bund Petersilie
2 Knoblauchzehen
20 Karotten

Diese Saftkombination kann das Temperaturzentrum günstig beeinflussen. Die Abwehrkraft gegenüber Viren steigt, und durch den hohen Zinkgehalt des Saftes wird der Körper widerstandsfähig, die entzündlichen Erscheinungen klingen langsam, aber sicher ab.

Ist die Grippe mit <u>Müdigkeit, Schwäche, Fieber und Muskelschwäche</u> verbunden, sollte folgende Mischung konsumiert werden:

1 Bund Petersilie
10 Karotten
2 Knoblauchzehen
2 Stangen Sellerie
1 mittelgroßer Apfel

Täglich dreimal 250 ml einnehmen. Die Widerstandsfähigkeit wird erhöht, das Fieber geht nach zwei bis drei Tagen zurück, die Muskulatur wird gekräftigt und die körperliche Ausdauer gestärkt. Innerhalb von vier bis fünf Tagen läßt auch das lähmende Krankheitsgefühl nach. Nach einer Woche Anwendung ist die ursprüngliche Kraft und Leistungsfähigkeit wieder hergestellt.

Treten bei der Grippe <u>hohes Fieber, Trockenheit im Mund</u> und ein <u>geröteter Rachen</u> mit geschwollenen Tonsillen auf, ist zu diesem Saft zu raten:

6 cm Ingwerwurzel
½ Ananas
1 Apfel
1 Papaya

Diese wohlschmeckende tropische Saftmischung sollte ebenfalls in einer Dosis von dreimal 250 ml eingenommen werden. Durch den Gehalt an Zink, Bromelain, Spurenelementen und Vitaminen kommt es auf natürliche Weise zu einem starken entzündungshemmenden Effekt, der imstande ist, den geröteten Rachen auszuheilen. Der Kaliumreichtum führt zu einer vermehrten Harnausscheidung. Dadurch können Giftstoffe schneller ausgesondert werden, ohne Schaden anzurichten. Durch den Gehalt an wertvollen pflanzlichen Enzymen kann diese Saftkombination schnell und sicher das Fieber beseitigen und das Wohlbefinden wieder herstellen. Auch Müdigkeit und Schwäche werden durch diese tropische Mixtur schnell besiegt.

Kommt zum hohen Fieber ein <u>starkes Durstgefühl</u>, ist folgende Mischung besonders empfehlenswert:

1 Zitrone
1 Apfel
1 Grapefruit
1 Maracuja

Der Saft sollte über den Tag verteilt getrunken werden. Damit die Vitamine, Spurenelemente und pflanzlichen Wirkstoffe voll zur Geltung kommen, sollte eine Menge von 500 bis 750 ml pro Tag eingehalten werden. Durch diese ideale Kombination kann der Durst schnell beseitigt, das Fieber rasch herabgesetzt und das Wohlbefinden in kurzer Zeit wieder hergestellt werden.

Wenn bei Grippe starke Magen-Darm-Beschwerden vorhanden sind, kann folgende Mischung helfen:

2 cm Ingwerwurzel
1 rote Bete
1 Apfel
50 g Pfefferminzblätter
2 cm Kalmuswurzel

Diese Mischung, die jedesmal frisch zubereitet werden sollte, beruhigt die überreizten Magen-Darm-Nerven und reguliert die Säureproduktion im Magen. Übelkeit und Brechreiz vergehen bald, und die körperliche Leistungsfähigkeit wird innerhalb von drei bis vier Tagen zurückgewonnen.

Ist die Grippe mit Durchfällen verbunden, sollte diese Saftmischung eingenommen werden:

2 cm Ingwerwurzel
2 Äpfel
1 rote Bete
10 Karotten

Dreimal täglich 200 ml trinken. Durch den hohen Gehalt an Pektin werden pathogene Keime vom Darm aufgesogen und ausgeschieden. Bei dieser Mischung sollte man etwa eine Woche bleiben, um die erhöhte Darmempfindlichkeit zu beseitigen.

Wenn die Grippe mit <u>Kopfschmerzen, steifem Nacken und Fieber</u> verläuft, kann folgende Mischung getrunken werden:

2 Äpfel
10 Karotten
1 Tomate
3 Kohlblätter
1 Knoblauchzehe
1 Okra

Diese Mischung hat einen eigenartigen, aromatischen Geschmack, wird aber gerne eingenommen. Die Trinkmenge sollte mindestens dreimal 250 ml täglich betragen. Durch die enthaltenen pflanzlichen Enzyme verbessern sich die Verspannungen im Hals-Nacken-Bereich. Der Mischsaft wirkt insgesamt fiebersenkend, schmerzlindernd und entzündungshemmend. Mit dem Rückgang der Beschwerden ist innerhalb einer Woche zu rechnen. So lange sollte dieser Saft mindestens eingenommen werden.

Haarausfall

Von einem gewissen Alter an prüft man nach dem Bürsten und Kämmen sehr genau, wieviel Haare man an diesem Morgen wieder gelassen hat. Dabei erschrecken nicht wenige Männer, wenn sie trotz aller möglichen Mittelchen einer drohenden Glatze entgegensehen.

Aber erst wenn mehr als 100 Haare pro Tag ausfallen, spricht man von einem krankhaften Haarausfall. Die Ursachen können an falscher Ernährung, verschiedenen Krankheiten und an einem Mineralstoff- und Spurenelementemangel liegen. In ganz seltenen Fällen gehen sämtliche Körperhaare aus, d. h. die Kopf-, Achsel-, Gesichts- und Körperbehaarung kann innerhalb kurzer Zeit vollkommen verschwinden. Dafür können ionisierte

Strahlen oder auch Stoffwechselkrankheiten die Ursache sein. Manchmal kommt es am Kopf auch zu einem kreisrunden Haarausfall *(Alopecia areata)*. Oft ist ein diffuser Haarausfall zu beobachten, wobei das ursprünglich dichte Haarkleid gleichmäßig gelichtet wird *(Alopecia diffusa)*. Dann gibt es noch einen geschlechtsbedingten Haarausfall. Bei Männern kommt es zur Bildung einer Stirnglatze, während es bei Frauen zumeist ein diffuser Haarausfall ist, der im Gegensatz zum männlichen Haarverlust nicht so intensiv auftritt. Das Verschwinden der Haarpracht betrifft meist Männer vom 30. und Frauen vom 45. Lebensjahr an.

Ist die Ursache für den Haarausfall ein <u>Mangel an Vitaminen des B-Komplexes</u>, so sollte folgende Saftmischung getrunken werden:

10 Mangoldblätter
15 Karotten
1 Knoblauchzehe
2 Äpfel

Davon dreimal täglich 100 ml vor den Mahlzeiten einnehmen. Die Mischung enthält Vitamin B_1, B_6 und Spuren von Vitamin B_{12}. Außerdem sind in dieser Saftkombination zahlreiche Spurenelemente und Mineralstoffe enthalten, die der Körper zum Aufbau von gesundem Haar braucht.

Wenn ein <u>Mangel an Vitamin E</u> festzustellen ist, kann diese Mischung empfohlen werden:

3 Stangen Sellerie
10 Spinatblätter
3 Stangen Spargel
20 Karotten

Von dieser Saftmischung sollten mindestens dreimal 150 ml täglich eingenommen werden.

Ist die <u>Kopfhaut zu wenig durchblutet</u>, sollte man folgende Saft-kombination einnehmen:

3 cm Ingwerwurzel
100 g Alfalfasprossen
10 Mangoldblätter
2 Knoblauchzehen
1 kleine Zwiebel
3 Äpfel

Von diesem Mischsaft sind dreimal täglich 100 ml zu trinken. Dadurch wird die Durchblutung der Kopfhaut verbessert und das Haarwachstum auf natürliche Weise angeregt.

<u>Speziell bei Frauen</u> kann folgende Saftmischung das Haar-wachstum fördern:

3 Salatblätter
100 g Luzernensprossen
10 Karotten
1 kleine Zwiebel
1 Apfel

Diese Mischung sollte über einen längeren Zeitraum eingenommen werden, um eine gute Wirkung zu erreichen.
Bei Haarwachstumsstörungen sollte auch bei einem Arzt für Labormedizin eine Untersuchung auf toxische Metalle durchgeführt werden. Ist z. B. Quecksilber im Blutserum erhöht, kann das als Ursache für einen Haarausfall in Betracht kommen. Eine entsprechende Entgiftungskur kann dann innerhalb einer bestimmten Zeit den Gehalt an toxischen Metallen im Blut verringern. Zusätzlich sollte das Immunsystem untersucht werden, denn auch hier können Auffälligkeiten für einen Haarausfall verantwortlich sein.

Wenn durch eine Laboruntersuchung ein <u>Kaliummangel</u> festgestellt wurde, sollte folgende Saftmischung getrunken werden:

100 g Petersilie
10 Spinatblätter
10 Karotten
3 Stangen Sellerie
2 cm Ingwerwurzel
1 Fenchelknolle

Diesen Mischsaft dreimal täglich einnehmen. Eine gute Wirkung ist nur dann zu erwarten, wenn die Trinkkur mindestens drei bis vier Monate eingehalten wird.

Herpes-simplex-Infektionen

Die ersten Anzeichen sind ein leichtes Jucken, dann ein unangenehmes Ziehen. Ein Blick in den Spiegel läßt die Befürchtung zur Gewißheit werden: an der Ober- oder Unterlippe haben sich ein paar kleine Bläschen gebildet. Das Herpes-Virus meldet sich zurück.
Meist tritt diese hartnäckige Krankheit im Mundbereich auf. Es gibt aber auch eine Virusgattung, die die Genitalien befällt und mit Jucken, Brennen sowie einem Ausfluß verbunden ist. Der *Herpes genitalis* kommt sehr häufig vor und wird durch engen körperlichen Kontakt übertragen.
Sobald diese Virusgattung sich im Körper eingenistet hat, kommt es immer wieder zu gleich verlaufenden Infektionen. Diese treten auf, wenn die körperliche Abwehrkraft geschwächt ist und dadurch zu wenig Zellen für die Virusabwehr vorhanden sind. In den meisten Fällen ist die Ansteckungsgefahr bei *Herpes labialis* sehr groß, und auch bei *Herpes genitalis* kann jeder körperliche Kontakt dazu führen, daß sich die Viren

im anderen Körper ausbreiten. Bisweilen ist kein Bläschenausschlag festzustellen, und dennoch werden die Viren weitergegeben. Besonders bei grippeartigen Erkrankungen, bei Angina und auch bei Erkältungen ist der Körper meist so geschwächt, daß der Bläschenausschlag neuerlich auftreten kann. Nur wenige virenbekämpfende Mittel können eingesetzt werden. *Zovirax und Semitrel* haben sich am besten bewährt, müssen aber gleich bei den ersten Anzeichen angewendet werden.

Um die <u>Immunabwehr zu stärken</u> und das Eindringen von Bakterien und Viren zu verhindern, sollte folgende Saftmischung getrunken werden:

1 Honigmelone
10 Karotten
1 Sapotefrucht
1 Knoblauchzehe
10 Mangoldblätter

Von dieser Mischung täglich dreimal 250 ml einnehmen. Es ist empfehlenswert, gleichzeitig auch in regelmäßigen Abständen ein zelluläres Immunprofil durchführen zu lassen, um jede kleinste Veränderung des Immunsystems zu registrieren. Dadurch läßt sich der Erfolg der Saftkur auf ideale Weise dokumentieren.

Wenn die eben erwähnte Saftmischung <u>nicht ausreicht</u>, sollte zu folgender Mixtur gewechselt werden:

2 Grapefruits
1 Papaya
2 cm Ingwer
3 Pulasanfrüchte

Dieser Mischsaft ist sehr wohlschmeckend und vitaminreich. Auch hier sollte die Trinkmenge nicht unter dreimal 250 ml lie-

106

gen. Eine Einnahme über drei bis vier Monate ist anzuraten, um einen optimalen Effekt zu erreichen.

Bei <u>Zinkmangel</u> hat sich folgende Mischung bewährt:

3 cm Ingwer
10 Karotten
1 Knoblauchzehe
3 Äpfel

Diese Saftmischung schmeckt gut und zeitigt bereits nach drei bis vier Wochen Einnahme eine deutliche Verbesserung des Allgemeinzustandes und eine Verringerung der Häufigkeit von Herpes. Dieser Mischsaft baut das Immunsystem auf, und Virusinfektionen haben viel weniger Chancen, sich auszubreiten.

Besteht ein <u>Mangel an Killerzellen und T-Lymphozyten</u>, ist diese Mixtur zu empfehlen:

3 Stangen Sellerie
10 Karotten
100 g Alfalfasprossen
2 cm Ingwerwurzel
3 Kumquats

Die Trinkmenge liegt bei dreimal 200 ml täglich. Nach vier bis fünf Wochen zeigen sich die ersten Verbesserungen des Blutbildes, und auch das zelluläre Immundefizit kann auf natürliche Weise ausgeglichen werden. Die Bläscheninfektionen treten seltener oder gar nicht mehr auf, der Körper wird auf natürliche Weise vor Infektionen geschützt.

Wenn die <u>Bläscheninfektionen recht hartnäckig</u> sind, sollte folgende Saftmischung getrunken werden:

1 Pomelo
2 cm Ingwerwurzel
2 Sternäpfel
2 Kaktusfeigen ohne Schale
2 Tamarillos

Diese Mischung ist besonders geeignet, das Immunsystem zu aktivieren. Dadurch können sich Bläscheninfektionen nicht weiter ausbreiten, die Bläschen trocknen aus, und mit einer neuerlichen Infektion ist nicht zu rechnen, solange diese Mischung regelmäßig getrunken wird. Als ideale Trinkmenge wird dreimal täglich 150 ml angesehen.

Herzinfarkt

Der 42jährige Werbeexperte hatte plötzlich Schmerzen in der Herzgegend, die in den linken Arm bis zum kleinen Finger und im Nacken bis zur Schultermuskulatur ausstrahlten. Der Fachmann dachte zunächst an eine alte Sportverletzung und behandelte sich mit einem Massageöl, das ihm sonst immer half. Aber diesmal blieb die Wirkung aus, und seine Frau überredete ihn, einen Arzt aufzusuchen. Der stellte sehr schnell fest, daß es sich um die ersten Anzeichen eines drohenden Herzinfarktes handelte.
Die unmittelbare Gefahr kündigen auch andere Symptome an. So kann der Schmerz manchmal bis zum Kieferwinkel und dort weiter bis zum Kinn ausstrahlen. In anderen Fällen ist der rechte Arm betroffen, es kommt zum Ziehen im rechten Oberarm, und schließlich strahlen die Schmerzen über den Ellenbogen bis zum kleinen Finger aus. Auch unklare Oberbauchbe-

schwerden können mit Herzkrankheiten in Verbindung stehen. Zuerst kommen diese Beschwerden während seelischer oder körperlicher Belastung gehäuft vor. In vielen Fällen lassen die Schmerzen nach einer Viertelstunde nach. Durch Nitroglycerinpräparate können sie schnell beseitigt werden. Manchmal werden diese Schmerzen und Beschwerden durch ein üppiges Mahl ausgelöst, durch seelische Aufregungen und Belastungen, durch einen Kältereiz. In ganz seltenen Fällen kommt es auch im Ruhezustand zu Herzbeschwerden. Meist handelt es sich um ein schwer definierbares Gefühl in der Herzgegend. Nur selten können die Beschwerden z. B. als stechender oder brennender Schmerz exakt beschrieben werden.

Fast immer sind Risikofaktoren vorhanden: Nikotinmißbrauch, ein hoher Blutdruck, eine Zuckerkrankheit oder ein gestörter Fettstoffwechsel. In manchen Fällen kommt es im Ruhezustand oder auch bei Belastungen zu Herzrhythmusstörungen. Kurz vor dem Auftreten eines Herzinfarktes wird meist ein Gefühl von Todesangst empfunden, begleitet von einer inneren Unruhe und nicht selten auch von Atemstörungen. Einige Tage vor dem Herzinfarkt kommt es zu Schweißausbrüchen, einer unerklärlichen Blässe und besonders oft zu Herzrhythmusstörungen.

Folgende Saftmischung ist zur <u>Vorbeugung eines Herzinfarktes</u> empfehlenswert:

2 Blutorangen
1 Papaya
5 Golden-Delicious-Äpfel
3 cm Ingwerwurzel

Von diesem Mischsaft sind dreimal täglich 200 ml zu trinken. Die Saftkur ist ein halbes bis ein Jahr lang beizubehalten. Durch Laboruntersuchungen kann festgestellt werden, ob danach noch die Gefahr eines Herzinfarktes droht. Wenn alle Laborbefunde im normalen Bereich liegen, ist das Risiko, an einem Herzinfarkt zu erkranken, minimal. Auch Vitamin C kann die Herzinfarktgefahr um einige Prozent reduzieren, während Vitamin B$_6$ die Blutungs- und Gerinnungsfaktoren günstig beeinflußt. Die Spurenelemente Selen, Magnesium, Molybdän lassen das Blut flüssiger werden.

Reich an Vitamin B$_6$ ist folgende Saftmischung:

10 Grünkohlblätter
5 Mangoldblätter
3 Steckrübenblätter
1 Okra
1 rote Paprikaschote

Von dieser Saftkombination mindestens dreimal täglich 50 ml einnehmen.

Wenn ein Mangel an Vitamin C vorliegt, kann folgende Mischung angewendet werden:

3 Krautblätter (Weißkohl)
100 g Petersilie
1 grüne Paprikaschote
5 Mangoldblätter
3 Golden-Delicious-Äpfel

Diese Saftkombination ist reich an Vitamin C und schmeckt zudem gut.

Liegt ein Mangel an Vitamin E vor, ist diese Mixtur zu bevorzugen:

10 Karotten
2 Stangen Spargel
5 Mangoldblätter
10 Löwenzahnblätter

Davon ebenfalls dreimal täglich 50 ml einnehmen.

Wurde ein <u>Magnesiummangel</u> festgestellt, kann folgende Mischung helfen:

10 Rote-Bete-Blätter
10 Mangoldblätter
100 g Brunnenkresse
2 Knoblauchzehen
3 Boskopäpfel

Diese Saftmischung sollte man ebenfalls in einer Menge von dreimal täglich 50 bis 100 ml konsumieren. Dadurch kann im Vorfeld ein drohender Infarkt verzögert werden. Zusätzlich mit einer gesunden Lebensführung und ausreichender Bewegung läßt sich ein Infarkt auch auf lange Sicht verhindern.

Weisen bei *Angina pectoris* schon einige Laborwerte auf einen drohenden Infarkt hin, kann folgende Mischung verabreicht werden:

1 Ananas
1 Mango
2 Papayas
5 cm Ingwerwurzel
1 Knoblauchzehe

Diese Mischung ist reich an Bromelain und pflanzlichen Enzymen. Die tägliche Menge beträgt mindestens dreimal 200 ml, um einen Infarkt verhindern zu können. Bis zur Normalisierung der Blutwerte sollte diese Mischung konsequent eingenommen werden.

Wenn <u>Herzdurchblutungsstörungen</u> auftreten, die besonders mit Schmerzen im rechten oder linken Arm verbunden sind, sollte folgende Mischung getrunken werden:

1 Ananas
1 Honigmelone
1 Papaya

Von dieser Mixtur nimmt man dreimal 150 ml jeweils vor den Mahlzeiten ein. Bereits nach zwei bis drei Wochen bessern sich die Beschwerden deutlich. Die Schmerzanfälle sind nicht mehr so häufig und intensiv.

Sind nach einem Herzinfarkt noch Müdigkeit, Schwäche und ein unregelmäßiger Pulsschlag vorhanden, kann dieser Saft Abhilfe schaffen:

3 Broccoliröschen
2 Knoblauchzehen
10 Karotten
3 Stangen Sellerie
1 rote Paprikaschote

Von dieser Mischung dreimal 200 ml vor den Mahlzeiten einnehmen. Das Allgemeinbefinden bessert sich, das Herz schlägt rhythmischer, gleichmäßiger, die Neigung zu Herzstolpern vergeht, und damit wird verhindert, daß ein neuerlicher Herzinfarkt die Gesundheit gefährdet. Es ist empfehlenswert, diese Saftmischung mindestens ein halbes bis ein Jahr lang durchgehend zu trinken.

Wenn bei Herzbeschwerden der <u>Blutdruck erhöht</u> ist und die Blutfettwerte im oberen Bereich liegen, sollte folgende Mischung eingenommen werden:

1 Honigmelone
1 Papaya
2 Grapefruits
3 Golden-Delicious-Äpfel
1 Knoblauchzehe

Dreimal täglich 150 ml vor den Mahlzeiten konsumieren. Nach drei bis vier Wochen normalisieren sich die Blutfettwerte. Die Trinkkur dauert mindestens ein halbes Jahr und bietet eine relative Sicherheit vor neuerlichen Herzattacken.

Treten nach einem Herzinfarkt <u>Schwindel, Blutdruckschwankungen, Schwäche und Herzrhythmusstörungen</u> auf, ist folgende Säftemischung hilfreich:

100 g Petersilie
15 Karotten
1 Knoblauchzehe
3 Stangen Sellerie
3 Krautblätter (Weißkohl)
3 Golden-Delicious-Äpfel

Die Trinkmenge beträgt dreimal 250 ml täglich. Dadurch lassen sich Blutdruckschwankungen ausgleichen, die Herzdurchblutung wird verbessert, das Allgemeinbefinden gestärkt, chronische Schwächeanfälle werden verhindert, die Herzkraft nimmt zu. Diese Saftkur sollte jedoch mindestens sechs bis neun Monate lang durchgeführt werden, um eine optimale Wirkung zu erreichen.

Besteht die <u>Gefahr eines Herzinfarktes</u> durch erhöhte Risikofaktoren (hoher Blutdruck, hohe Blutfette, unregelmäßiger Herzschlag, Schwächezustände, ausstrahlende Schmerzen bis zum kleinen Finger), sollte folgende Saftmischung getrunken werden:

2 Blutorangen
1 Pomelo
1 Papaya
1 Knoblauchzehe
20 Karotten

Von dieser Mixtur trinkt man täglich mindestens dreimal 250 ml vor den Mahlzeiten. Nach zwei bis drei Wochen ist schon mit einem Nachlassen der Herzangst, des Druckgefühls in der Brust und mit einer Besserung des Allgemeinbefindens zu rechnen. Das Risiko, einen Herzinfarkt zu erleiden, nimmt dann Woche für Woche ab. Zusätzlich sollte allerdings ein Bewegungstraining durchgeführt werden, d. h. entweder eine Stunde pro Tag Spazierengehen, eine halbe Stunde Radfahren oder 20 Minuten lang Schwimmen. Durch diese Bewegungstherapie wird die Herzmuskelkraft gesteigert, die Ausdauer erhöht und die Herzdurchblutung aktiviert.

Bei einem <u>ständigen Druck hinter dem Brustbein</u>, kann diese Säftemischung erfolgversprechend sein:

3 Krautblätter (Weißkohl)
100 g Petersilie
200 g Rapunzelsalat
20 Karotten
2 cm Ingwerwurzel
3 Boskopäpfel

Täglich dreimal 200 ml vor den Mahlzeiten trinken. Obwohl der Geschmack dieser Kombination etwas ungewöhnlich ist, sollte man sich daran nicht stören, denn durch diesen Mischsaft wird die Herzdurchblutung verbessert, die Sauerstoffnutzung im Herzen nimmt zu, alle quälenden Ängste und Druckgefühle in der Herzgegend lassen nach. Der Patient erholt sich auch seelisch.

Bestehen nach einem Herzinfarkt <u>Depressionen, Angst</u>, Mutlosigkeit, Herzrhythmusstörungen und ein schlechter Allgemeinzustand, wirkt folgende Saftmischung aufbauend:

3 cm Ingwerwurzel
2 Okraschoten
20 Karotten
1 Knoblauchzehe
2 Stangen Sellerie
3 Boskopäpfel
1 grüne Paprikaschote

Von diesem Mischsaft trinkt man dreimal 200 ml täglich vor den Mahlzeiten. Schon in der ersten Woche bessert sich das Allgemeinbefinden leicht, in der zweiten Woche normalisiert sich der Herzrhythmus und in der dritten nimmt die Herzkraft deutlich zu. Nach einer durchschnittlichen Einnahmedauer von einem Jahr sind die meisten Beschwerden fast völlig verschwunden.

Hoher Blutdruck

(Hypertonie)

Es sollte eine ruhige Fahrt in den Urlaub werden. Doch dann geriet der Familienvater mit seinem vollbeladenen Fahrzeug von einem Stau in den nächsten. Vielleicht hatte er doch zu gut gefrühstückt, überlegte er. Allein bei dem Gedanken an die zwei Morgensemmeln wurde ihm so übel, daß er auf den nächsten Parkplatz ausweichen mußte. Er fühlte sich verwirrt und schwindelig. Es dauerte fast eine halbe Stunde, bis er glaubte, wieder fit genug zu sein, um die Reise fortsetzen zu können. Ein Arzt hätte ihm dringend davon abgeraten, denn der Mann litt unter Hypertonie, zu hohem Blutdruck.

Die Gefährlichkeit zu hohen Blutdrucks besteht darin, daß er oft mit Herzkrankheiten, Herzschwäche, Müdigkeit, Verwirrtheit, Schwindel und Schlaganfällen in Verbindung steht. Wenn der Wert regelmäßig über 200/120 liegt, kann zu 30 Prozent innerhalb von zehn Jahren mit einem Schlaganfall oder mit einem Herzinfarkt gerechnet werden. Bei extrem hohem und nicht behandeltem Blutdruck beträgt die Lebenserwartung höchstens einige Jahre. Wichtig sind regelmäßige Bewegungsübungen. Außerdem sollte eine vegetarische Ernährungsweise vorgezogen werden. Schlechte Lebensgewohnheiten sind unbedingt aufzugeben.

Wenn Hypertonie infolge eines zu hohen Cholesteringehaltes auftritt, sollte folgende Saftmischung täglich getrunken werden:

300 g Kohlblätter
200 g Spinatblätter
1 Knoblauchzehe

Dieser Saft ist etwas scharf, jedoch wohlschmeckend und vor den Mahlzeiten in einer Menge von 250 ml einzunehmen.

Liegen <u>Magnesiummangel</u> und eine <u>Gefäßverengung</u> vor, sollte diese Mischung getrunken werden:

10 Kohlblätter
100 g Petersilie
3 Knoblauchzehen
20 Karotten

Täglich eine Tasse vor den Mahlzeiten einnehmen.

Um einen <u>hohen Kaliumspiegel</u> zu erreichen, ist folgende Saftmischung zu empfehlen:

100 g Stangensellerie
100 g Mangold
30 Karotten
2 Äpfel

Durch diesen Saft, der sehr kaliumreich ist, wird überschüssiges Natrium ausgeschwemmt. Dadurch vergehen Schwellungen und unnatürliche Wasseransammlungen im Körper sehr schnell, und die zirkulierende Blutmenge vermindert sich.

Bei einer <u>essentiellen Hypertonie</u> empfiehlt es sich, folgende Mischung zu trinken:

3 kleine Zwiebeln
4 Knoblauchzehen
30 Karotten
2 Äpfel

Dieser Saft sollte dreimal täglich vor den Mahlzeiten zu je 250 ml eingenommen werden. Dadurch ist auch bei einem essentiellen Hochdruck eine deutliche Besserung der Werte zu erreichen. Es wird überschüssiges Wasser ausgeschieden und das Natrium-Kalium-Gleichgewicht wiederhergestellt.

Wenn bei hohem Blutdruck eine <u>niederkalorische Nahrungs-aufnahme</u> erwünscht ist, sollte statt einer Mahlzeit folgende Mischung konsumiert werden:

½ Honigmelone
2 Bananen
3 Erdbeeren
2 Kiwis

Im Mixer pürieren, bis ein dickflüssiger Brei entsteht. Die Mischung ist sättigend und hat außerdem die Eigenschaft, einen stark erhöhten Blutdruck zu senken.

Ist der <u>Blutdruck</u> auf Grund einer Herzerkrankung <u>zu hoch</u>, sollte folgender Extrakt getrunken werden:

10 Blätter Spinat
20 Karotten
3 Stangen Sellerie
2 Knoblauchzehen
3 Äpfel

Diese Mischung ist sehr kaliumreich, enthält Magnesium und Calcium. Mit diesem Saft kann der Blutdruck auf das richtige Niveau eingestellt werden.

Infektionskrankheiten

Es kommt immer wieder auf das Immunsystem an. Ist dieses geschwächt, haben es pathogene Keime leicht, infolge einer Ansteckung in den Körper zu gelangen. Je nach Infektionskrankheit beträgt die Inkubationszeit (Zeit von der Ansteckung bis zum Ausbruch einer Krankheit) zwischen einem Tag und drei Wochen. In seltenen Fällen beläuft sich die Inkubationszeit auch auf bis zu zwei Monate. Sobald pathogene Keime in den Körper eindringen, führt das zu einer Reaktion im Immunsystem, und die Leukozyten beginnen den Abwehrkampf. Wenn das Immunsystem stark genug ist, kann der Körper mit fast allen pathogenen Keimen fertig werden. Um die Widerstandsfähigkeit des Körpers zu erhöhen, muß das Immunsystem durch eine gesunde Ernährung gestärkt werden.

Wenn die Gefahr von Infektionskrankheiten besteht, sollte folgende Saftmischung getrunken werden:

10 Karotten
2 Knoblauchzehen
5 Kohlblätter
1 kleine Knolle rote Bete

Dieser Saft ist vor den Mahlzeiten in einer Menge von mindestens dreimal 50 ml täglich einzunehmen. Wenn sich die ersten Anzeichen einer Infektionskrankheit zeigen, kann die Menge verdoppelt oder verdreifacht werden.

Steht eine bakterielle Infektion im Vordergrund, ist zu dieser Saftmischung zu raten:

3 Äpfel
5 Karotten
200 g schwarze Johannisbeeren

Täglich mindestens dreimal 100 ml trinken. Dadurch wird der Körper im Kampf gegen eine bakterielle Infektion deutlich gestärkt und die Abwehrlage verbessert.

Liegt eine Infektion von Muskelgewebe vor, sollte folgende Saftmischung getrunken werden:

100 g Stachelbeeren
2 Kohlblätter
3 Äpfel
2 Acerolakirschen

Von dem Mischsaft sind vor dem Essen mindestens dreimal täglich 50 ml einzunehmen. Diese Trinkmenge stärkt den Körper in seiner Abwehr gegenüber hartnäckigen Virusinfektionen.

Beim Virus, das die Gürtelrose auslöst *(Herpes zoster)*, sollte folgende Saftmischung getrunken werden:

3 Kohlblätter (Weißkraut)
2 Knoblauchzehen
1 rote Paprikaschote
10 Mangoldblätter

Davon vor den Mahlzeiten mindestens dreimal täglich 100 ml einnehmen, um einen optimalen Erfolg zu erreichen. Bei einer Virusinfektion von *Herpes zoster* sollte die Behandlungszeit mindestens ein halbes Jahr betragen, um sich lebenslängliche Schmerzen zu ersparen, mit denen eine Gürtelrose verbunden ist.

Wenn bei einer Virusinfektion ein Zinkmangel ursächlich ist, sollte folgende Mischung getrunken werden:

3 cm Ingwerwurzel
100 g Petersilie
15 Karotten
5 Mangoldblätter
1 Knoblauchzehe

Mindestens dreimal 50 ml täglich einnehmen, womit einem Zinkmangel vorgebeugt wird. Gerade bei längeren Infektionskrankheiten ist auf den Zinkspiegel im Blutserum zu achten.

Fehlen bei Infektionskrankheiten Bioflavonoide, ist diese Saftmischung zu empfehlen:

2 Tomaten
10 Kohlblätter
1 grüne Paprikaschote
1 Stange Sellerie

Von dieser Mischung sollte man täglich dreimal 100 ml konsumieren, um durch den Bioflavonoidgehalt des Saftes dem Körper im Abwehrkampf gegen Viren und Bakterien zu helfen.

Ist der Körper infolge von Fieber geschwächt, kann zu dieser Saftkombination geraten werden:

1 Ananas
2 Mangos
1 Papaya
2 Äpfel

Den Saft über den Tag verteilt trinken. Die Trinkmenge sollte nicht unter dreimal 100 ml täglich liegen, um einen optimalen Effekt zu erzielen. Diese Mischung ist mindestens über drei bis vier Wochen einzunehmen, um die Schwächung, die durch das Fieber auftreten kann, zu beseitigen.

Kreislaufbeschwerden und niedriger Blutdruck

Der 52jährige Optiker wagte es kaum noch, Kunden selber zu beraten und schickte seinen Angestellten vor. In letzter Zeit war es ihm öfter passiert, daß nach zwei bis drei Minuten Stehen sein Kreislauf zusammenbrach und er das Gleichgewicht verlor. Als die Beschwerden in immer kürzeren Abständen auftraten, suchte er einen Arzt auf. Der erkannte sehr schnell, daß eine akute Kreislaufschwäche vorlag. Er wollte aber erst einige Labortests abwarten und bat den Patienten, nach drei Tagen wiederzukommen. Da es dem Optiker inzwischen wieder recht gut ging, versäumte er den Termin. Das hätte beinahe fatale Folgen gehabt. Denn die Ursache seiner Beschwerden war toxischer Art.

Kreislaufbeschwerden können verschiedene Ursachen haben. Einer der Gründe sind oft schlecht verträgliche Zahnfüllungen, bei denen Quecksilber vom Kieferknochen aufgenommen wird, das dann im ganzen Körper allergische Reaktionen hervorruft. Der folgende Kreislaufzusammenbruch ist mit einem schlagartigen Absinken des Blutdrucks verbunden, was bereits nach kurzer Zeit des Stehens der Fall sein kann.

Auch psychische Probleme spielen bei Kreislaufbeschwerden eine große Rolle. So kann bei seelischer Belastung das Blut nach einer Mahlzeit umverteilt werden, die Eingeweide brauchen zuviel Blut, um die Verdauungsarbeit zu leisten. Infolge der Regulationsstörung kann es dem Betroffenen schwarz vor den Augen werden. Bei starken Rauchern und Kaffeetrinkern braucht nur ein Schock, ein Schreck oder eine seelische Belastung dazuzukommen, dann wirkt sich die Toxizität des Genußgiftes zehnmal stärker aus, und die Kreislaufsteuerung bricht zusammen.

Auch bei Zuckerkrankheit und anderen Stoffwechselstörungen kommt es bisweilen zu einem Kollaps der Kreislaufsteuerung mit Schwarzwerden vor den Augen und Gangunsicherheit.

Bei einer <u>Kreislaufschwäche</u> mit besonders tiefliegendem diastolischem Wert, z. B. 100/60, sollte folgende Saftmischung getrunken werden:

20 Spinatblätter
10 Mangoldblätter
1 Bund Petersilie
100 g Brunnenkresse
100 g Kapuzinerkresse
2 Stangen Sellerie
10 Karotten
1 Knoblauchzehe

Von dieser Mischung täglich dreimal 150 ml einnehmen. Auf diese Weise enthält der Körper eine ausreichende Menge an Vitamin C, Chlorophyll, Selen, Magnesium, Molybdän und Germanium, so daß giftige Schwermetalle wie Arsen, Cadmium, Blei und Quecksilber leichter ausgeschieden werden können.

Bei <u>Blässe, niedrigem Blutdruck und Körperschwäche</u> ist diese Mischung zu empfehlen:

1 Honigmelone
2 Kiwis
3 Papayas
1 Sawofrucht

Diesen Mischsaft sollte man mindestens dreimal täglich in einer Menge von 250 ml trinken. Bereits nach zwei bis drei Wochen vergeht die Blässe, die Müdigkeit läßt nach und der Blutdruck stabilisiert sich. Auch die körperliche Kraft, die Ausdauer und die seelische Belastbarkeit bessern sich.

Wenn niedriger Blutdruck mit <u>Angst, Unruhe, Herzjagen</u> und <u>Schwindelgefühl</u> verbunden ist, kann folgende Mischung helfen:

20 Weintrauben
3 Tamarillos
5 Kiwis
3 Golden-Delicious-Äpfel

Von dieser Saftmischung sollte man täglich dreimal 150 ml trinken. Auf diese Weise vergeht das Schwindelgefühl, die Herzbeschwerden lassen nach, der Blutdruck stabilisiert sich, Arbeitskraft, Arbeitsfreude und Vitalität nehmen zu.

Ist eine Kreislaufschwäche mit <u>Stimmungsschwankungen</u>, Angst, Unlust, <u>Depressionen</u> und Selbstmordgedanken verbunden, kann zu folgender Saftmischung geraten werden:

2 Maracujas
1 Stück Nangka (Jackfrucht)
2 Kaktusfeigen
1 Williamsbirne
2 Gravensteiner Äpfel
100 g Heidelbeeren

Diese Mischung ist täglich in einer Menge von dreimal 150 ml zu konsumieren. Bereits nach der zweiten Woche stellt sich eine Verbesserung der Blutdruckwerte ein, die Stimmungsschwankungen lassen nach, die Vitalität nimmt zu, der Körper wird entgiftet und der Blutdruck sinkt nicht mehr so tief ab. Nach ungefähr zwei bis drei Monaten stellt sich der Blutdruck auf einen normalen Wert, z. B. 120/80, ein. Auch nach längerem Stehen oder bei körperlichen Belastungen kommt es zu keinem krankhaften Blutdruckabfall, wie auf Werte von 100/60 mehr. Die Stabilisierung der Blutdruckwerte hält auch noch an, wenn die Saftkur bereits beendet ist. Jedoch sollte die Trinkkur aus prophylaktischen Gründen mindestens ein halbes Jahr lang durchgeführt werden, um eine Stabilisierung des Blutdrucks zu erreichen.

Sind die Kreislaufverhältnisse infolge einer <u>Blutarmut mit Blässe</u>, Schwindel und kalten Händen und Füßen instabil, sollte folgende Saftmischung in einer Menge von dreimal täglich 100 ml getrunken werden:

10 Karotten
2 Okraschoten
1 Bund Petersilie
2 Kohlblätter
3 Mangoldblätter
1 Boskopapfel

Diese Mixtur sorgt dafür, daß der Blutdruck stabil bleibt und ein pathologischer Blutdruckabfall unter die kritischen Werte verhindert wird. Infolge des hohen Mineralstoffgehaltes dieser Saftkombination wird auch ein eventuell vorhandener Eisen- oder Hämoglobinmangel innerhalb von drei bis vier Wochen ausgeglichen. Sollten sich die Eisenwerte nur ganz langsam erholen (das kann durch einen Labortest festgestellt werden), empfiehlt es sich, diese Mischung ein halbes bis dreiviertel Jahr lang regelmäßig einzunehmen, um eine Stabilisierung der Kreislaufverhältnisse zu erreichen.

Wenn <u>labile Kreislaufverhältnisse</u> mit <u>Neigung zu Schüttelfrost</u>, Schwäche, kalten Fingern und Zehen, die sich blau verfärben, sobald die Temperatur auf unter 20 °C absinkt, vorhanden sind, kann folgende Saftkombination hilfreich sein:

100 g Brunnenkresse
10 Karotten
1 Fenchelknolle
1 Knoblauchzehe
1 kleine Zwiebel
2 Broccoliröschen

Dieser im Geschmack recht eigenwillige Mischsaft sollte dreimal täglich vor den Mahlzeiten in einer Menge von je 100 ml eingenommen werden. Dadurch kommt es zu einer verbesserten Durchblutung, die Blutdruckwerte steigen auf den normalen Wert an, toxische Stoffwechselprodukte werden ausgeschieden, und die Steuerung der Kreislauffunktionen wird normalisiert. Diese Saftkombination fördert die Durchblutung im Unterhautbindegewebe.

Kommt es zu <u>Kältegefühl, Schwäche, Müdigkeit</u> und <u>Konzentrationsmangel,</u> sollte folgende Saftkombination genutzt werden:

1 Honigmelone
2 Kiwis
1 Blutorange
1 Gravensteiner Apfel
100 g Erdbeeren

Davon dreimal täglich 100 ml einnehmen. Durch die Früchtemischung werden dem Körper alle notwendigen pflanzlichen Enzyme zugeführt, die für das Gedächtnis, die Konzentrationsfähigkeit und die Gehirndurchblutung notwendig sind. Die Kreislaufverhältnisse werden stabilisiert, so daß auch die Gehirndurchblutung angeregt und damit die zentrale Steuerungsstelle für alle Kreislaufvorgänge ausreichend mit Blut und Nährstoffen versorgt wird.

Magen-Darm-Geschwüre

Bei dem 45jährigen Architekten kam vieles zusammen, was zu Magengeschwüren führen mußte. Er stand ständig unter Streß, gönnte sich höchstens mal einen Kurzurlaub von drei Tagen übers Wochenende. Selbst in dieser Zeit konnte er nicht ohne sein Handy leben. Regelmäßiges Essen war ihm fremd, und wenn er dafür eine halbe Stunde in seinem Terminkalender unterbringen konnte, bevorzugte er scharfgewürzte Speisen. Dann kam die Zwangspause: ein Magengeschwür war aufgebrochen.

Heute sind Geschwüre im Magen-Darm-Trakt schon zur Volkskrankheit geworden. Die Ursachen sind vielfältig. Sie reichen von einer zu fetten Ernährung bis zu Phobien und Neurosen. In allen Fällen wird die Magenschleimhaut durch zu stark konzentrierten Magensaft angegriffen. Bei Magenbrennen aufgrund von Geschwüren sollten in erster Linie psychische Behandlungsverfahren im Vordergrund stehen wie z. B. das autogene Training, die progressive Muskelentspannung nach Jacobson oder eine Gesprächspsychotherapie. In vielen Fällen bewährt sich auch eine Hypnose-Behandlungsserie, um einen Defekt in der Magenschleimhaut ausheilen zu lassen.

Von den Gemüsesäften, die bei Magen-Darm-Beschwerden besonders empfehlenswert sind, steht folgende Mischung an erster Stelle:

5 Kohlblätter
3 cm Ingwerwurzel
2 Okraschoten
1 Knoblauchzehe
10 Karotten
1 Kohlrabi

Dieser Mischsaft sollte jedesmal frisch zubereitet und in kleinen Portionen zu je 50 ml mehrmals täglich getrunken werden. Dadurch lassen sich auch hartnäckige Magen-Darm-Geschwüre innerhalb von fünf bis sechs Wochen günstig beeinflussen und nach drei bis vier Monaten völlig ausheilen.

Bei tieferreichenden <u>Geschwüren mit starken Beschwerden</u> sollte zusätzlich zu einer regelmäßigen fachärztlichen Untersuchung als Therapie folgender Saft getrunken werden:

10 Kohlblätter
2 Stangen Sellerie
3 cm Ingwerwurzel
20 Karotten
10 Blätter Endiviensalat
2 rote Bete

Der wohlschmeckende Saft ist auch gut verträglich. Substanzdefekte in der Magenschleimhaut, aber auch im Zwölffingerdarmbereich lassen sich auf diese Weise innerhalb von ein bis zwei Wochen lindern, in zwei bis drei Monaten bessern und im Verlauf eines halben Jahres ausheilen. Vom Saft sind mehrmals täglich 50 bis 100 ml einzunehmen. Die Trinkmenge sollte insgesamt nicht unter 500 ml liegen. Der frisch zubereitete Saft ist sofort nach dem Pressen zu konsumieren, denn dann ist die Wirkung besonders zuverlässig. Das Kochen oder Pasteurisieren des Saftes vermindert die Anzahl heilender Enzyme und macht das Getränk nahezu wirkungslos.

Wenn bei einem Magengeschwür ein <u>Mangel an Betacarotin</u> vorliegt, sollte folgende Saftmischung gepreßt werden:

1 Honigmelone
10 Karotten
3 cm Ingwerwurzel
10 Spinatblätter
1 Sawofrucht

Da diese Mischung reich an Betacarotin ist, wird der Mangel an diesem Provitamin ausgeglichen und die Magenschleimhaut geschützt. Ein leichtes Magengeschwür kann allein durch die Einnahme dieses Mischsafts innerhalb von drei bis vier Monaten ausheilen.

Ist ein <u>Mangel an Vitamin C</u> die Ursache für ein Magengeschwür, kann folgende Mischung helfen:

1 rote Paprikaschote
10 Kohlblätter
10 Grünkohlblätter
3 Broccoliröschen
1 Okra
10 Karotten

Diese Saftmischung ist reich an Ascorbinsäure in natürlicher Form. Dadurch ist die Wirkung besonders günstig. Die Geschwürbildung läßt von selbst nach, es entsteht eine neue, widerstandsfähige Schleimhaut, die von der Salzsäure im eigenen Magensaft nicht mehr angegriffen werden kann. Der Genesungsprozeß dauert jedoch ein bis zwei Monate, in schweren Fällen bis zu einem halben Jahr.

Bei <u>Magengeschwüren</u>, die durch <u>Streß</u> entstanden sind, hat sich dieser Saft bewährt:

10 Kohlblätter
3 Stangen Sellerie
3 cm Ingwerwurzel
2 Äpfel
10 Karotten

Diese sättigende, wohlschmeckende und sehr bekömmliche Saftmischung kann die Geschwürbildung innerhalb von zwei bis drei Monaten rückgängig machen. Als Trinkmenge sollten mindestens dreimal täglich 200 ml eingehalten werden. Noch besser ist es, eine Saftmenge von einem halben bis einem Liter über den Tag aufzuteilen, so daß die schadhafte Magenschleimhaut ständig mit dem heilenden Saft in Kontakt bleibt.

Hat ein Magengeschwür bereits zu bluten begonnen und ist der Stuhl dadurch schwarz geworden, sollte der Verlauf fachärztlich kontrolliert werden, um einem Durchbruch zuvorzukommen. Bei blutenden Magengeschwüren sollten auch immer der Eisengehalt des Blutes, der Hämoglobingehalt und die Blutkörpersenkung kontrolliert werden. Bei dieser Art von Magengeschwüren eignet sich folgende Mischung, die nicht im Entsafter, sondern im Mixer hergestellt wird:

2 Bananen
1 Papaya
1 Orange
2 Loquats

Drei- bis viermal täglich 200 ml reichen aus, um einen heilenden Effekt für die Magenschleimhaut zu erwirken.

Zusätzlich kann folgende Mischung als Getränk zubereitet werden:

1 Honigmelone
2 cm Ingwerwurzel
1 Mango
1 Pomelo

Dieser aromatische, wohlschmeckende Saft sollte über den Tag verteilt eingenommen werden. Die Trinkmenge liegt bei dreimal 150 ml.

Ist ein Mineralstoffmangel die Ursache für ein Geschwür, kann folgende Mischung empfohlen werden:

1 Bund Petersilie
2 rote Bete
1 Weißkohlblatt
3 Grünkohlblätter
20 Karotten

Von diesem Konzentrat sollten dreimal täglich 200 ml getrunken werden. Durch den Gehalt an Betacarotin, Vitaminen, Spurenelementen und Mineralstoffen kann sich die lädierte Schleimhaut des Magens innerhalb kurzer Zeit regenerieren.

Treten beim <u>Magengeschwür</u> alle zehn Minuten <u>Krämpfe</u> auf, ist dieser Saft anzuraten:

3 mittelgroße Äpfel
20 Karotten
3 Pulasanfrüchte
3 cm Ingwerwurzel

Dieser Mischsaft sollte über den Tag verteilt getrunken werden. Empfehlenswert ist es, alle zwei Stunden 100 ml davon einzunehmen. Dadurch wird ein optimaler Effekt erreicht.

Migräne

Die 35jährige Filialleiterin ist ehrgeizig und pflichtbewußt. Um so schlimmer war es für sie, wenn sie bei einer dieser fürchterlichen Schmerzattacken zu Hause bleiben mußte. Sie hatte nicht mehr die Kraft aufzustehen und fühlte sich wie im Zentrum eines Hammerwerkes, das mit jedem Schlag ihren Kopf traf. Die junge Frau litt an Migräne.
Diese Krankheit wird durch eine zu starke Durchblutung der Gehirngefäße verursacht. Dabei kann der venöse Abfluß gestaut sein. Die Folge ist ein Mißverhältnis zwischen Blutzu- und abfluß. Bei schweren Migräneattacken liegen die Betroffenen im abgedunkelten Zimmer im Bett. Sie vermeiden jede Bewegung und jede Nahrungsaufnahme. Es kann dabei zu unstillbarem Erbrechen kommen. Wenn Galle abgesondert wird, fühlt sich der Kranke vorübergehend erleichtert.

Neben Ernährungskriterien sind soziale Faktoren, charakterliche Eigenschaften und Streß Meßgrößen, die den Verlauf der Migräne beeinflussen. Vom Charakter her gesehen sind Migränekranke häufig überaus ehrgeizig, pflichtbewußt, arbeitseifrig und sehr motiviert. Migränekranke möchten alles genau, zuverlässig, pünktlich und überexakt durchführen. Dadurch quälen sie sich selbst, zerbrechen sich den Kopf, und die feine Steuerung, die die Blutzufuhr und den -abfluß regelt, wird gestört. In manchen Fällen sind auch Allergien für die Migräneattacken verantwortlich. Starke Genußgifte wie Kaffee, Nikotin, Alkohol, Kakao und kräftige Gewürze sollten vermieden werden, wenn der Verdacht besteht, daß sie einen Migräneanfall auslösen können.

Mittel, die das Blut dünnflüssig erhalten, wie z. B. Aspirin, können bei regelmäßiger Einnahme Migräneattacken vorbeugen. <u>Bei mittelschweren Migräneanfällen</u> hat sich folgende Säftemischung bewährt:

3 Kohlblätter
2 Knoblauchzehen
50 g Petersilie
2 cm Ingwerwurzel
1 kleine Zwiebel

Vor den Mahlzeiten trinkt man mindestens 50 ml dieser Mixtur. Sie ist besonders reich an Magnesium, Germanium, Selen und Molybdän. Wenn diese Spurenelemente als Katalysatoren vorhanden sind, wird die Durchblutung im Kopf und an der Gehirnbasis besser gesteuert.

Ist bei Migräneattacken die <u>Thrombozytenzahl zu hoch,</u> kann diese Saftmischung von Nutzen sein:

3 cm Ingwerwurzel
1 Honigmelone
1 Knoblauchzehe
2 Boskopäpfel
1 Grapefruit

Von dieser Mischung dreimal täglich 200 ml trinken. Dadurch kann das Blut dünnflüssig gehalten werden und Schmerzattacken werden verhindert, denn eine bessere Kopfdurchblutung wirkt der Migräne entgegen.

Treten bei Migräneattacken besonders <u>starke Kopfschmerzen oberhalb der Augen</u> sowie <u>Sehstörungen,</u> Mißempfindungen im Gesicht und ein Blutdruckabfall auf, sollte folgende Mischung getrunken werden:

2 cm Ingwerwurzel
2 Gravensteiner Äpfel
1 Blutorange
1 Grapefruit
2 Acerolakirschen

Von dieser Saftmischung sind dreimal täglich 200 ml zu konsumieren, um einen optimalen Effekt zu erzielen. Beträgt die Anwendungsdauer ein bis eineinhalb Jahre, ist sogar bei einer hartnäckigen Migräne mit einer Ausheilung zu rechnen. Da das Blut dünnflüssiger gehalten wird, treten Durchblutungsstörungen seltener auf.

Werden die Attacken hauptsächlich durch seelische Konflikte verursacht, ist diese Saftmixtur anzuraten:

2 Maracujas
1 Grapefruit
1 Blutorange
1 Papaya
3 cm Ingwerwurzel

Von dieser Saftkombination vor den Mahlzeiten jeweils 200 ml einnehmen. Dadurch wird das Blut dünnflüssig gehalten, die Durchblutung bestimmter Gehirnareale wird verbessert, so daß auch die Neigung zu Depressionen langsam abnimmt.

Verursacht die Migräne Blutdruckabfall, Brechreiz, Schwäche und Lustlosigkeit, kann diese Mischung hilfreich sein:

5 cm Ingwerwurzel
1 Grapefruit
2 Blutorangen
1 Honigmelone
1 kleine Zehe Knoblauch

Dieses angenehm schmeckende Getränk verbessert die Gehirn- durchblutung und macht das Blut dünnflüssiger. Bestimmte Areale, die für die Steuerung vegetativer Funktionen verant- wortlich sind, werden unterstützt. Diese Saftkur sollte sich über einen längeren Zeitraum erstrecken. Nach drei bis vier Wochen kann die Trinkmenge von 200 ml auf dreimal täglich 150 ml herabgesetzt werden. Trotz dieser Vorbeugung ist mit weiteren, aber wenigen Migräneattacken zu rechnen.

Wenn die Kopfschmerzen besonders im Schläfen- und Augen- bereich einseitig vorkommen, spricht man von einer **Erythro- prosopalgie** (Horton-Kopfschmerz). Die Anfälle dauern von einer halben bis zu drei Stunden. Die Kopfschmerzen sind mit einer Rötung des Gesichts verbunden, meist kommt es zu Tränenfluß und zu Schmerzen, die vom Auge bis zur Schläfe reichen. Diese Anfälle treten besonders in den frühen Morgenstunden auf. Einseitige Kopfschmerzen, Augenbrennen, Tränen und Brechreiz kennzeichnen diese Art der Kopfschmerzform. Bei derartigen Attacken hilft folgende Saftkombination am besten:

1 Grapefruit
2 cm Ingwerwurzel
2 Blutorangen
10 Karotten
1 Knoblauchzehe
2 Boskopäpfel

Von dieser Saftmischung sollte man dreimal 250 ml täglich konsumieren. Bereits nach der dritten oder vierten Woche lassen die intensiven Kopfschmerzen nach, denn die Fließeigenschaften des Blutes werden verbessert, das Blut wird dünnflüssiger.

Wenn eine **Trigeminusneuralgie** (hartnäckige Schmerzen, die meist von der Schläfe in Richtung Oberkiefer gehen) besteht, ist diese Saftmixtur zu empfehlen:

1 Honigmelone
3 cm Ingwerwurzel
1 Löwenzahnwurzel
1 Brennesselwurzel
1 Grapefruit
2 Boskopäpfel
1 Kiwi

Täglich dreimal 200 ml einnehmen. Durch den Magnesiumgehalt wird die Anfallsbereitschaft herabgesetzt. Die angebotenen Bioflavonoide und Vitamin C fördern die Durchblutung. Schließlich setzen die Ingwerwirkstoffe die Schmerzschwelle hinauf, und die Anfälligkeit für Trigeminusschmerzen verringert sich. Diese Saftmischung sollte mindestens ein halbes Jahr lang getrunken werden, um eine optimale Wirkung zu erreichen. Trigeminusschmerzen werden durch Berühren, Kauen, Sprechen und Rasieren sowie die Reizung bestimmter Punkte ausgelöst. Sie treten auch manchmal nach zahn- und kieferchirurgischen Behandlungen auf.

Kopfschmerzen bei <u>Veränderungen der Halswirbelsäule</u> gehen meist vom Hinterkopf aus und strahlen danach vorne über die Stirn bis zur Augengegend. Diese Art von Kopfschmerzen kann bis zu zwei Tage andauern. Dabei gibt es im Nacken- und Hinterkopfbereich Druckpunkte (Okzipitalpunkte), durch die Kopfschmerzen ausgelöst werden können. Diese Punkte sind meist sehr empfindlich.

Saft gegen chronische Okzipitalkopfschmerzen

1 Honigmelone
5 cm Ingwerwurzel
2 Blutorangen
2 Kiwis
2 Gravensteiner Äpfel
3 Acerolakirschen

Von dieser Saftmischung sollten dreimal täglich 250 ml konsumiert werden. Chronische Hinterkopfbeschwerden lassen sich auf diese Weise günstig beeinflussen. Es kommt zu einer Gewebsabschwellung, zu einem leicht entwässernden Effekt, und auch eine schmerzstillende Komponente ist in dieser Saftkombination vorhanden.

Fruchtsaft bei gefäßbedingten Kopfschmerzen

3 cm Ingwerwurzel
1 Stück Nangka (Jackfrucht)
3 Acerolakirschen
2 Loquats
1 Blutorange
3 Golden-Delicious-Äpfel

Über den Tag verteilt 500 bis 750 ml trinken. Der Körper wird dabei entgiftet und entschlackt, die Fließeigenschaft des Blutes optimiert.

Wenn die Kopfschmerzen mit <u>Übelkeit, Brechreiz, Blutdruckabfall</u> und <u>schlechtem Allgemeinzustand</u> verbunden sind, ist diese Saftmischung anzuraten:

8 Kohlblätter
2 rote Bete
5 Golden-Delicious-Äpfel

Von diesem Saft trinkt man über den Tag verteilt einen halben bis dreiviertel Liter. Bereits innerhalb von drei bis vier Wochen hebt sich das Allgemeinbefinden. Die pathologischen Gerinnungsfaktoren werden gebremst und die normalen Fließeigenschaften des Blutes gefördert.

Halten die teilweise unerträglichen <u>Kopfschmerzen tagelang</u> an, kann folgende Saftmischung Abhilfe schaffen:

3 Blutorangen
2 Golden-Delicious-Äpfel
2 Mangos
1 Papaya
1 Knoblauchzehe

Davon nimmt man täglich dreimal 250 ml ein. Bereits in der zweiten oder dritten Woche geht die Kopfschmerzhäufigkeit zurück, die Dauer der Anfälle verkürzt sich, und schon in der fünften oder sechsten Woche treten nur mehr ganz selten Krankheitsschübe auf, die außerdem stark abgeschwächt sind. Auf diese Weise kann der Verbrauch von Schmerzmitteln radikal eingeschränkt werden.

Wenn bei den Kopfschmerzen abwechselnd <u>Blässe, Rötung</u> und <u>Schwindelgefühl</u> auftreten, sollte folgende Saftmischung getrunken werden:

$\frac{1}{2}$ *Wassermelone*
20 Karotten
3 cm Ingwerwurzel
2 Boskopäpfel
1 Williamsbirne

Von dieser Mischung nimmt man je nach Schwere der Erkrankung drei Viertel bis einen Liter. Der Saft sollte schluckweise getrunken werden, um eine optimale Wirkung zu erreichen. Durch diesen Mischsaft wird der Elektrolythaushalt normalisiert. Ein Überwiegen von Natrium wird zugunsten von Kalium vermindert. Das ruft einen entwässernden, schmerzstillenden, gewebeabschwellenden und antiallergischen Effekt hervor.

Spannungskopfschmerz

Diese Art von Kopfschmerzen kommt am häufigsten vor. Sie macht etwa 80 Prozent aller derartigen Leiden aus. Es handelt sich dabei um einen Schmerz, der über den ganzen Kopf verteilt ist und gelegentlich über der Stirn, über den Schläfen oder über dem Hinterkopf lokalisiert ist. Der Schmerzcharakter ist dumpf, manchmal stechend, bisweilen auch pulsierend. Beim Bücken, Pressen, Sprechen und Lachen nimmt die Schmerzintensität zu. Besonders häufig ist dieser Kopfschmerz am Vormittag und in den frühen Morgenstunden. In vielen Fällen kommt es gleich nach dem Aufwachen zu heftigen Schmerzattacken. Meist gibt es keine neurologischen Ausfallerscheinungen oder Besonderheiten. In ganz bestimmten Fällen ist eine Ähnlichkeit zu Migräneattacken gegeben.

Männer und Frauen sind gleichermaßen betroffen. Im Alter von 15 bis 25 Jahren kommt diese Kopfschmerzform besonders häufig vor. Auslösefaktoren sind Schlafdefizit, Alkoholmißbrauch, ungeklärte oder unlösbare psychische Probleme, Spannungen und Krisensituationen. Auch nach Gehirnerschütterungen ist diese Kopfschmerzform zu beobachten. Verschlechtert wird sie durch Bücken, Erschütterungen, Lärmeinwirkung, intensive Sonnenbestrahlung und konzentrierten Alkohol.

Hier eine Saftmischung, die bei dieser Art von Kopfschmerz besonders gut hilft:

3 cm Ingwerwurzel
8 Kohlblätter
1 weiße Rübe
15 Karotten
2 Golden-Delicious-Äpfel

Diesen Mischsaft trinkt man gleich nach dem Aufstehen in einer Menge von mindestens 300 ml. Im Laufe des Vormittages sollten nochmals 200 ml, am frühen Nachmittag 200 ml und am Abend 300 ml eingenommen werden. Wenn diese Kur zwei bis drei Monate durchgeführt wird, können auch hartnäckige Kopfschmerzformen schnell nachlassen.

Bestehen <u>nach einem halben Jahr</u> immer noch <u>Beschwerden</u>, ist diese Saftmischung anzuraten:

2 Kohlrabi
10 Karotten
5 cm Ingwerwurzel
1 Knoblauchzehe
5 Gravensteiner Äpfel

Erfolgversprechend ist eine Trinkmenge von dreimal 350 ml täglich. Durch diese Saftkur wird das Aussehen verbessert. Die Falten, die bei Kopfschmerzen häufig auftreten, glätten sich, die körperliche Kraft und Vitalität nehmen zu, das Denkvermögen wird verbessert, die Gedächtnisleistung steigt und Arbeitsausfälle infolge von Kopfschmerzen kommen nicht mehr vor, denn die Anfälle erfolgen, wenn überhaupt, nur mehr in abgeschwächter Form.

Ist die Migräne mit <u>epilepsieähnlichen Anfällen</u> und <u>Bewußtseinstrübungen</u> verbunden, kann diese Mixtur angewendet werden:

3 Broccoliröschen
2 Stangen Sellerie
20 g Kalmuswurzeln
10 g frische Kamillenblüten
1 Papaya
2 Acerolakirschen
1 Stück Nangka (Jackfrucht)

Diese Saftmischung ist geeignet, die Migränehäufigkeit zu verringern, außerdem wird der Migräne der anfallsartige Charakter genommen, weil die Fließeigenschaften des Blutes verbessert werden. Die Vitalität nimmt zu und das Gefühl der Niedergeschlagenheit verschwindet allmählich. Auch die Bewußtseinstrübung bei den Anfällen läßt nach. Dieser Mischsaft ist über einen längeren Zeitraum zu konsumieren. Die Trinkmenge sollte nicht unter dreimal 250 ml täglich sinken, denn sonst ist der Behandlungserfolg nicht gesichert. Je nach Schweregrad der Erkrankung kann die Trinkmenge sogar noch beträchtlich gesteigert werden.

Morbus Crohn

Unruhe, Streß und ein unregelmäßiger Tagesablauf waren kennzeichnend für das Berufsleben eines dreißigjährigen Handelskaufmanns. Eigentlich wunderte es ihn nicht, daß er ständig unter Darmschwierigkeiten litt. Dann aber kamen Durchfälle, Fieber, Appetitverlust, Gewichtsschwankungen und Untergewicht hinzu. Der ganze Bauchraum reagierte überempfindlich. Bei diesen Symptomen konnte es sich nur um Morbus Crohn handeln, eine Darmerkrankung, die meist zwischen dem 25. und 40. Lebensjahr auftritt.

In vielen Fällen zeigt das Immunsystem Auffälligkeiten. Manchmal sind jahrzehntelange Ernährungsfehler ursächlich mit dieser Krankheit verbunden. Nicht selten entstehen Fisteln, die den Dünn- oder Dickdarm mit der Bauchhaut verbinden. Darmoperationen führen selten zu einer dauerhaften Besserung, denn durch das Herausschneiden einzelner Darmabschnitte wird das Grundübel und somit die Ursache dieser Erkrankung nicht beseitigt.

Hilfe bietet eine ballaststoffreiche Kost, denn durch saure Milchprodukte sowie frische Obst- und Gemüsesäfte werden die enzymatisch veränderten Darmschleimhäute normalisiert.

Um einen ursächlichen <u>Mangel an Folsäure</u> zu vermeiden, sollte folgende Saftmischung getrunken werden:

10 Spinatblätter
5 Blätter Grünkohl
3 Knollen rote Bete
2 Broccoliröschen
5 Karotten

Dieser Mischsaft sollte dreimal täglich vor den Mahlzeiten konsumiert werden.

Besteht ein <u>Mangel an Betacarotin,</u> ist dieser Saft zu empfehlen:

20 Karotten
3 Blätter Grünkohl
1 Bund Petersilie
10 Spinatblätter
2 Äpfel

Diese Pressung zwei- bis dreimal täglich vor den Mahlzeiten trinken.

Ein <u>Magnesiummangel</u> kann durch diesen Saft behoben werden:

1 Bund Petersilie
2 Knoblauchzehen
2 Äpfel
150 g rote Bete
3 Salatblätter

Diese Saftmischung kann innerhalb von drei bis vier Wochen einen zu tiefen Magnesiumspiegel bis zum Normalwert anheben.

Bei deutlichem <u>Zinkmangel</u> ist zu folgender Mischung zu raten:

3 cm Ingwerwurzel
2 Knoblauchzehen
5 Karotten

Dieser Saft sollte zwei- bis dreimal täglich vor den Mahlzeiten getrunken werden, wodurch sich die Darmschleimhaut innerhalb von vier bis fünf Wochen deutlich regenerieren kann.

Wenn bei Morbus Crohn <u>Durchfälle</u> im Vordergrund stehen, empfiehlt es sich, folgende Saftmischung zu trinken:

20 Karotten
3 Äpfel
1 Knoblauchzehe
2 Kohlblätter
2 cm Ingwerknolle

Durch den hohen Gehalt von Pektinen wird die Durchfallhäufigkeit vermindert, das Wohlbefinden wieder hergestellt und die stark entzündete Darmschleimhaut kann sich innerhalb kurzer Zeit erholen.

Stehen <u>Darmkrämpfe und Koliken</u> im Vordergrund, sollte folgende Saftmischung getrunken werden:

1 Bund Petersilie
10 Blätter Spinat
10 Karotten
100 g Stangensellerie
2 Äpfel

Diese Mischung kann besonders Darmkrämpfe, -koliken und Beschwerden im gesamten Bauchraum lindern. Um eine ausheilende Wirkung zu erreichen, muß der Saft mindestens drei bis vier Monate hindurch regelmäßig getrunken werden.

Befindet sich <u>Blut im Stuhl,</u> verspricht diese Saftmischung Besserung:

2 cm Ingwerwurzel
2 Äpfel
3 Kohlblätter
5 Karotten
2 mittelgroße rote Bete

Diese Mischung dreimal täglich vor den Mahlzeiten trinken. Nach einer Zeitspanne von vier bis fünf Monaten kann auch eine starke Darmentzündung ausheilen. Das Blut im Stuhl verschwindet, und es werden auch keine Darmschleimhautstücke mehr ausgeschieden, da sich durch diesen Mischsaft die Schleimhautepithelien rasch regenerieren können.

Muskelkrämpfe

Der 47jährige Elektromonteur wurde nachts immer wieder aus dem Schlaf gerissen. Die Wadenmuskeln verkrampften sich und ein höllischer Schmerz durchfuhr seine Beine. Zunächst glaubte der Mann an erste Anzeichen von Alterszipperlein. Aber die Krämpfe ließen nicht mit sich spaßen, sie trafen ihn häufiger und – wenn das überhaupt noch möglich war – mit zunehmender Intensität. Ein Labortest zeigte, daß das »Zipperlein« auf einen erheblichen Mineralstoffmangel zurückzuführen war.
Bei Wadenkrämpfen, Muskelschwäche oder schmerzhaften Verspannungen ist in vielen Fällen ein Defizit an Mangan, Kalium, Calcium, Magnesium, Eisen, Molybdän, Germanium oder Selen festzustellen. Auch wenn nach längeren Belastungen Muskelkrämpfe auftreten, sind sie in der Regel recht unangenehm.
Viele Muskelkrämpfe können durch Wärme gebessert werden. Auch eine sanfte Massage der betroffenen Körperpartien ist

empfehlenswert, um Wadenkrämpfen vorzubeugen. Wenn die Muskelkrämpfe durch Krampfadern aufgetreten sind, sollten Krompressionsstrümpfe getragen oder ein spezielles Venentonikum (z. B. von der Hochenegg GmbH) eingenommen werden.

Folgende Saftmischung ist bei Muskelkrämpfen erfolgversprechend:

3 Stangen Sellerie
10 Karotten
2 Knollen rote Bete
10 Mangoldblätter
1 Knoblauchzehe

Dieser Saftmix sollte in einer Menge von dreimal 200 ml täglich getrunken werden. Dadurch kann sich die Muskulatur entspannen, Muskelkrämpfe kommen nicht mehr so häufig vor, die Intervalle zwischen den Krämpfen werden größer und die Intensität der Verkrampfungen nimmt ab. Falls diese Saftmischung nicht ausreichend hilft, kann die Trinkmenge verdoppelt werden.

Sollte ein Magnesiummangel vorliegen (das kommt im Alter bei schlechter Resorption oder bei Alkohol- und Diabeteskranken öfter vor), ist folgende Saftmischung zu empfehlen:

10 Grünkohlblätter
5 Krautblätter (Weißkohl)
50 g Petersilie
3 Stangen Spargel
10 Karotten
3 Rote-Bete-Blätter

Durch diese Mischung, die jedes Mal frisch zuzubereiten ist, wird der Magnesiummangel innerhalb von zwei bis drei Monaten ausgeglichen. Durch eine Laboruntersuchung kann dann festgestellt werden, ob der Bedarf an Magnesium gedeckt ist. Wenn nicht, sollte die Trinkkur fortgesetzt werden.

Liegt bei Muskelkrämpfen ein <u>Vitamin-C-Mangel</u> vor, kann diese Mischung helfen:

1 rote Paprikaschote
10 Blätter Grünkohl
2 Röschen Broccoli
2 Äpfel
1 Kiwi

Diese Saftmischung gleicht den Vitamin-C-Mangel innerhalb von zwei bis drei Wochen aus. Auch ein Mangel an Spurenelementen und Mikronährstoffen wird innerhalb von einigen Wochen behoben. Wenn der Körper mit pflanzlichen Enzymen und anderen wichtigen Inhaltsstoffen ausreichend versorgt ist, hört die Neigung zu Wadenkrämpfen innerhalb ganz kurzer Zeit auf.

Wenn die Wadenkrämpfe aufgrund anhaltenden <u>Alkoholmiß-brauchs</u> aufgetreten sind, ist folgende Säftemischung anzuraten:

30 blaue Weintrauben
1 Grapefruit
1 Blutorange
2 cm Ingwer
2 Boskopäpfel

Von dieser Mixtur trinkt man dreimal täglich mindestens einen Viertelliter. Wenn die Wadenkrämpfe hauptsächlich zur Nachtzeit auftreten, sollte kurz vor dem Schlafengehen noch ein Viertelliter zusätzlich getrunken werden, dadurch lassen sich nächtliche Wadenkrämpfe besonders leicht vermeiden. Diese Saftmischung normalisiert den Elektrolythaushalt, stellt das Natrium-

146

Kalium-Gleichgewicht wieder her und ersetzt fehlendes Magnesium. Die überempfindliche Nervenstruktur in den Unterschenkeln wird dann nicht mehr gereizt.

Besteht eine <u>Zuckerkrankheit mit Wadenkrämpfen</u> und -schmerzen, ist diese Kombination zu trinken:

3 Golden-Delicious-Äpfel
3 Stangen Sellerie
1 Bund Petersilie
2 cm Ingwer
1 Grapefruit
10 Karotten

Diese Saftmischung kann auch bei einem Diabetiker ein empfindlich gestörtes Elektrolytverhältnis korrigieren. Auch ein bei Diabetikern häufiger Magnesiummangel kann durch diesen Mischsaft ausgeglichen werden. Außerdem wird mit einer derartigen Kur ein zu hohes Ansteigen des Blutzuckers verhindert, und die Neigung zu Wadenkrämpfen vergeht. Reicht diese Saftmischung nicht aus, kann auf folgende <u>Saftkomposition</u> übergegangen werden:

20 Karotten
3 Tomaten
1 Aubergine
1 Gurke
20 Pfefferminzblätter
3 Boskopäpfel

Durch diese Mixtur, die dreimal täglich in einer Menge von mindestens 200 ml getrunken werden soll, kann ein gestörtes Elektrolytgleichgewicht korrigiert und ein Magnesiummangel ausgeglichen sowie ein <u>Mangel an Vitaminen und Spurenelementen</u> behoben werden. Die Neigung zu hartnäckigen Wadenkrämpfen vergeht.

Neurodermitis

Die 40jährige Steuerberaterin sah bereits wie 60 aus. Wegen ihrer profunden Sachkenntnisse fiel das neuen Klienten nicht auf. In ihrem Bekanntenkreis aber war dieser plötzliche Alterungsprozeß schnell – wenn auch hinter vorgehaltener Hand – zum Gesprächsthema geworden. Was niemand vermutete: Die Steuerberaterin litt unter einer Neurodermitis. Eine treffendere Bezeichnung für diese Erkrankung ist *Atopisches Ekzem.*

Bei diesem Ekzem kommt es zu mehreren Krankheitsstadien. Am Anfang juckt die Haut, sie ist stark gerötet, geschwollen und verdickt. Manchmal bilden sich kleine Bläschen, die mit einer gelben, serumartigen Flüssigkeit gefüllt sind. Durch Kratzen bilden sich blutige Krusten, kleine Schuppen und Verdickungen, so daß die Haut nach einer bestimmten Zeit ein lederartiges Aussehen annimmt. Die Haut wird faltig und ist neben den Schuppen oft noch mit einem eitrigen Belag versehen. Letzteres konnte unsere Patientin überschminken, was ihr jedoch ein maskenhaftes Aussehen verlieh.

Bei der Neurodermitis spielen Erb- und allergische Faktoren eine große Rolle. Bei vielen Neurodermitiskranken erkennt man das Leiden an einer doppelten, parallel verlaufenden Falte der Unterlider. Durch eine Untersuchung auf Lebensmittel-Unverträglichkeiten kann herausgefunden werden, welche Nahrungsmittel auszuschalten sind, um ein Fortschreiten der Erkrankung zu verhindern. Bei Neurodermitis ist es wichtig, für eine gesunde Verdauung zu sorgen, da sich sonst Giftstoffe im Körper ansammeln können, die die Haut weiter reizen.

Es ist unbedingt erforderlich, auf eine ausreichende Zufuhr an Betacarotin zu achten. Dieser Gemüsesaft kann daher besonders empfohlen werden:

50 g Petersilie
10 Spinatblätter
3 Grünkohlblätter
20 Karotten
1 grüne Paprikaschote

Von diesem Saft sollten dreimal täglich vor den Mahlzeiten 200 ml getrunken werden. Er beseitigt das Bedürfnis nach Süßigkeiten und Schokolade, Kaffee und starken Tee. Durch diese gesunde Saftmischung wird nämlich das Verlangen nach minderwertigen oder gesundheitsschädlichen Getränken abgeschwächt.

Wenn Bioflavonoide in der täglichen Ernährung fehlen, ist zu dieser Saftmischung zu raten:

50 g Petersilie
5 Kohlblätter
1 Tomate
5 Karotten
1 cm Ingwerwurzel

Davon mindestens dreimal 200 ml täglich trinken.

Liegt <u>Selen</u> im Blutserum an der unteren Grenze, sollte man folgende Saftmischung einnehmen:

3 Mangoldblätter
1 weiße Rübe
1 Knoblauchzehe
10 Karotten
1 Mandarine

Diese wohlschmeckende Mischung ist reich an natürlichem organischem Selen.

<u>Reich an Zink</u> ist folgende Mischung, von der man dreimal täglich 200 ml zu sich nimmt:

3 cm Ingwerwurzel
1 kleine Kartoffel mit Schale
1 Knoblauchzehe
10 Karotten
2 Stangen Spargel

Ist die Haut bei <u>Neurodermitis entzündet</u>, gerötet und stark angespannt, kann diese Mischung helfen:

1 mittelgroße Gurke
10 Karotten
1 kleine Kartoffel
1 weiße Rübe

Diese Saftkombination enthält zahlreiche Spurenelemente, die die Haut zum normalen Funktionieren benötigt. Übermäßiger Juckreiz, Rötungen, Schwellungen und Verdickungen der Haut werden dadurch gelindert und nach längerer Anwendungsdauer ausgeheilt. Diese Kur führte auch bei der Steuerberaterin zum Erfolg.

Wenn die <u>Haut verdickt, geschwollen und entzündet</u> ist, sollte mindestens ein halbes Jahr hindurch folgende Mischung getrunken werden:

3 Pfirsiche (entkernt)
2 Äpfel
3 Karotten
1 cm Ingwerwurzel

Nach zwei bis drei Wochen erhält die Haut durch den Genuß dieser Saftkombination ein seidenweiches Aussehen und der quälende Juckreiz, der bei Neurodermitis meist im Vordergrund steht, vergeht.

Ist neben der Neurodermitis eine <u>Neigung zu *Asthma bron-chiale*</u> festgestellt worden, verspricht folgende Mixtur Hilfe:

30 g Lungenkraut
100 g Petersilie
2 cm Ingwerwurzel
3 Knoblauchzehen
1 kleine Zwiebel
$^{1}/_{2}$ Kartoffel
10 Karotten

Durch diese scharfe, aber wohlschmeckende Mischung kann verhindert werden, daß die Entzündung von der Haut auf die Lunge übergeht und Asthma auslöst. Um einen guten Heilerfolg zu erreichen, muß der Saft ein bis zwei Jahre lang in einer Menge von mindestens dreimal 100 ml vor den Mahlzeiten konsumiert werden.

Osteoporose

Der 66jährige Rentner hatte schon vor Jahren begonnen, sich vorsichtig abzustützen, wenn er über eine Treppe steigen mußte. Er hatte eine panische Angst davor, sich bei einem Sturz wieder einmal einen Knochen oder gleich mehrere zu brechen. Das war ihm unverhältnismäßig oft widerfahren. Als er schließlich zu einem Arzt ging, mußte er erfahren, daß er an Osteoporose oder Knochenschwund litt.

Unter Osteoporose versteht man den Verlust an Knochendichte, es kommt zu einer Erweichung, einer Verkrümmung, insgesamt zur Schwächung der Knochenstruktur. Aus dem Röntgenbild wird klar ersichtlich, daß Struktur und Trabekelwerk der Knochen aufgehellt erscheinen, wodurch der Mineralstoffgehalt der Knochen deutlich verringert ist.

Bei stark fortgeschrittener Osteoporose kommt es häufig zu Knochenbrüchen aus den geringsten Anlässen. Die ausgebildete Krankheit ist am tannenbaumförmigen Aussehen der Wirbelsäule bei der Rückenansicht zu erkennen. Dort sieht man, wie die Rippen gleich den Ästen eines Tannenbaumes nach unten zeigen. Dieses Symptom entsteht, wenn die Bandscheiben degeneriert sind und die Knochen eng aneinander aufsitzen.

Eine fortgeschrittene Osteoporose ist auch durch die Verringerung der Körpergröße festzustellen. Manchmal beträgt bei 70jährigen die Körpergröße fünf bis sechs cm weniger als im Alter von 20 Jahren. Bei 80jährigen kann der Längenverlust bereits zehn bis 15 cm ausmachen. Bei fortgeschrittener Osteoporose kommt es zum Schmerzsyndrom längs der Wirbelsäule, zu Schmerzen in beiden Hüften, und auch andere, zunächst unerklärliche Knochenschmerzen treten auf. Bei Frauen, die rauchen, tritt die Osteoporose sogar oft zehn Jahre früher auf.

Da auch das Klimakterium bei Raucherinnen vorzeitig einsetzt, ist das frühe Auftreten der Osteoporose bei diesen Patientinnen erklärbar. Jeder Östrogenmangel fördert die Osteoporose.

Wenn der Krankheit ein <u>Calciummangel</u> zugrunde liegt, kann folgende Mischung getrunken werden:

10 Kohlblätter
1 Bund Petersilie
1 Stange Spargel
1 Kohlrabi
1 Knoblauchzehe

Diese Saftmischung ist calcium- und mineralstoffreich und besitzt die pflanzlichen Enzyme, die für die Erhaltung der Knochenstruktur wichtig sind.

Ist ein Mangel an <u>Magnesium</u> festzustellen, und machen sich Zeichen einer beginnenden Osteoporose bemerkbar, sollte folgende Saftmischung eingenommen werden:

1 Bund Petersilie
100 g Brombeeren
100 g Sanddornfrüchte
1 großes Stück Nangka (Jackfrucht)

Diese Mischung ist magnesiumreich und fördert die Aufnahme von Calcium im Körper. Die Calciumausscheidung wird verringert und der Einbau von Calciumionen in das Trabekelwerk erleichtert.

Bei <u>Brommangel</u> kann diese Mischung helfen:

5 Kohlblätter
2 Zwiebeln
10 Mangoldblätter
3 Steckrübenblätter

Von dieser Mischung täglich dreimal 50 ml trinken. Diese Saftmischung versorgt den Körper mit Brom, Selen, Molybdän, Calcium und Eisen. Die Mischung ist mindestens sechs bis acht Wochen lang zu konsumieren.

Bei <u>hartnäckiger Osteoporose</u> hat sich diese Säftemischung bewährt:

30 blaue Weintrauben
200 g Heidelbeeren
100 g Gartenerdbeeren
1 Pomelo

Von dieser Mixtur sollten täglich mindestens dreimal 150 ml getrunken werden. Auf diese Weise wird der Körper auch mit Anthozyanen, die die Calciumaufnahme erleichtern, versorgt.
Wenn diese Saftkur gemeinsam mit einem Bewegungstraining durchgeführt wird, ist die Verbesserung der Knochendichte besonders gut. Auf diese Weise wird das Osteoporose-Risiko verringert und einer Knochenbrüchigkeit vorgebeugt.

Prostatavergrößerung

Es gibt ein Leiden, vor dem sich viele Männer so sehr fürchten, daß sie gar nicht erst zum Arzt gehen – bis sie keine andere Wahl mehr haben. Gemeint ist eine Vergrößerung der Prostata, die die Harnröhre ringförmig umgibt. In Mitteleuropa haben

50 Prozent aller Männer über vierzig eine harmlose Vergrößerung der Prostata. Mit zunehmendem Alter wird der Harnfluß durch ein Wachstum der Prostata immer mehr eingeengt. Schließlich ist bei 70 Prozent aller Männer über 65 der Harnfluß deutlich blockiert. Dadurch kommt es zu einer Restharnbildung, verbunden mit der Gefahr einer Blasenentzündung, die bis zu den Nierenbecken aufsteigen kann. Der verhinderte Harnabfluß zwingt den Betroffenen des nachts zu häufigem Wasserlassen, weil die Blase nie vollständig entleert wird. Bei jeder Vergrößerung der Prostata ist eine genaue urologische Untersuchung erforderlich, um ein beginnendes Prostatakarzinom rechtzeitig zu entdecken.

Bei Gefahr einer Prostatavergrößerung sollten täglich zwei Kapseln Zinkorotat eingenommen werden (z.B. von der Hochenegg GmbH). In fast jedem Fall einer Prostatavergrößerung ist ein Mangel an Magnesium und Zink im Serum nachweisbar. Bei der Neigung zur Prostatavergrößerung sollten auch die Leber- und Blutfettwerte kontrolliert werden. Die Prostata arbeitet dann am besten, wenn alle Serumwerte im normalen Bereich liegen. Jede Störung des Fettstoffwechsels und der Lebertätigkeit kann sich negativ auf das Zellwachstum der Prostata auswirken.

Folgende Saftmischung ist bei der <u>Gefahr einer Prostatavergrößerung</u> anzuraten:

10 Mangoldblätter
2 Tomaten
8 Kohlblätter

Von diesem Mischsaft täglich dreimal 100 ml trinken, am besten nüchtern eine halbe Stunde vor den Mahlzeiten. Durch eine zusätzliche Ernährungsumstellung, bei der tierische Fette vermieden werden sollten und hochwertige pflanzliche Öle vorzuziehen sind, kann sich eine beginnende Prostatavergrößerung ganz langsam zurückbilden. Die empfohlene Saftmischung sollte mindestens ein halbes Jahr lang eingenommen werden.

Wenn die Prostatavergrößerung mit <u>Beschwerden beim Wasserlassen</u> verbunden ist, kann diese Saftmixtur helfen:

1 Wassermelone samt Kernen
20 Karotten
1 Knoblauchzehe
1 Bund Petersilie

Diese Mischung sollte dreimal täglich vor den Mahlzeiten getrunken werden. Die ideale Menge liegt bei 500 bis 1000 ml. Je länger der Saft konsumiert wird, desto besser kann sich die Prostata erholen. Ernsthafte Erkrankungen können durch diese Saftmischung nach einer längeren Anwendungsdauer verhindert werden.

Tritt eine <u>Restharnbildung</u> bis zu 100 ml auf, ist diese Saftmischung erfolgversprechend:

3 Broccoliröschen
3 Karfiolrosen
4 Stangen Sellerie
3 Golden-Delicious-Äpfel

Täglich dreimal 250 ml einnehmen. Auf diese Weise wird die Harnflut angeregt, die Restharnbildung läßt langsam nach, die Beschwerden beim Wasserlassen gehen zurück, das Allgemeinbefinden bessert sich, und auch eine verhärtete Prostata wird wieder weich und blockiert nicht mehr den Harnabfluß.

156

Ist beim <u>Wasserlassen mit abgeschwächtem Harnstrahl</u> starkes Pressen notwendig, wobei nach Beendigung Urin unwillkürlich nachtröpfelt, sollte folgende Saftmischung eingenommen werden:

1 Grapefruit
5 cm Ingwerwurzel
30 blaue Weintrauben
10 Karotten
3 Golden-Delicious-Äpfel

Von diesem Mischsaft trinkt man mindestens dreimal 250 ml vor den Mahlzeiten. Bereits nach zwei bis drei Wochen ist eine deutliche Besserung des Harnflusses zu beobachten. Das Nachtröpfeln hört auf, es muß weniger Druck auf die Blase ausgeübt werden, um eine vollständige Entleerung zu erreichen. Auch die Zusammensetzung des Harns normalisiert sich. Bestimmte Bakterien können sich nicht mehr vermehren.

Kommt es nachts zu <u>quälendem Harndrang</u>, und bleibt nach dem Wasserlassen ein großer Teil zurück, der zu neuerlicher Entleerung innerhalb der nächsten zehn Minuten zwingt, ist folgende Zusammensetzung ratsam:

5 cm Ingwerwurzel
1 Honigmelone samt Kernen
2 Kakifrüchte
2 Boskopäpfel
2 Knoblauchzehen
3 Stangen Sellerie

Von diese Saftmischung täglich mindestens dreimal 250 ml einnehmen. Wenn die Beschwerden beim Wasserlassen hauptsächlich in der Nacht auftreten, sollte auch vor dem Schlafgehen nochmals eine Menge von 250 ml getrunken werden. Dadurch kann der zwanghafte Harndrang schnell und sicher überwunden werden. Es ist jedoch notwendig, diese Mixtur über einen längeren Zeitraum einzunehmen, nur dann kann mit einer optimalen Wirksamkeit gerechnet werden. Die chemische Zusammensetzung des Harns verbessert sich. Außerdem werden auch sehr viele Giftstoffe ausgeschieden. Nach einer dreimonatigen Anwendungszeit ist auch eine vorher verhärtete Prostata weich, elastisch, von normaler Funktion, Größe und anatomischer Struktur.

Vergehen <u>ein bis zwei Minuten</u>, bis das <u>Wasserlassen</u> einsetzt, sollte folgende Saftkombination getrunken werden:

10 Karotten
2 Knoblauchzehen
50 g Petersilie
3 cm Ingwerwurzel
100 g Erdbeeren
100 g Brombeeren
5 Kaktusfeigen
1 reife Papaya samt Kernen

Es ist empfehlenswert, von dieser Saftmischung eine große Menge zu trinken und zwar dreimal täglich 300 ml. Diese Mixtur ist reich an pflanzlichen Enzymen, Vitaminen und Mineralstoffen. Es werden pflanzliche Wirkstoffe angeboten, die für das normale Funktionieren der Prostata maßgeblich sind. Nach etwa dreimonatiger Anwendungszeit lockert sich die Struktur einer vergrößerten Prostata, die Verhärtungen sind nicht mehr tastbar, der Harnstrahl wird dicker, der Wasserfluß vermehrt sich, Giftstoffe können schneller ausgeschieden werden, der quälende Harndrang läßt nach, die Blase kann sofort willkürlich entleert werden, ohne daß die Prostata den Harnabfluß blockiert. Auch ein häufiges, zwanghaftes Wasserlassen wird durch diese Saftmischung behoben.

Ist die <u>Prostata verhärtet</u> und besteht Tag und Nacht ein quälender Harndrang, kann diese Mischung hilfreich sein:

30 g Brennesselwurzel
30 frische Wacholderbeeren
20 Karotten
3 Golden-Delicious-Äpfel
1 Honigmelone
1 Papaya samt Kernen

Davon trinkt man dreimal 250 ml täglich vor den Mahlzeiten. Wenn die Beschwerden hauptsächlich in der Nacht auftreten, kann vor dem Schlafengehen nochmals die gleiche Menge (250 ml) eingenommen werden. Innerhalb von zwei bis drei Wochen verbessert sich die Harnausscheidung, der Wasserstrahl wird kräftiger. Der zwanghafte Harndrang hört auf, die Prostatastruktur normalisiert sich, und auch eine deutlich vergrößerte Prostata kann wieder auf das normale Ausmaß zurückgebildet werden.

Regelbeschwerden

Die 27jährige Laborantin Angelika W. hatte sich schon fast daran gewöhnt. Sie litt seit Jahren an heftigen Regelblutungen, die mit starken, krampfartigen Schmerzen in Unterleib und Rücken verbunden waren. Der Griff zur Schmerztablette wurde zur Selbstverständlichkeit. Erst als sie merkte, daß sie eine ständig höhere Tablettendosis brauchte, vertraute sie sich einem Arzt an.

Die Laborantin gehört zu den zehn Prozent aller Frauen, bei denen die Regelblutungen eine große Problematik darstellen. Denn durch unregelmäßige und schmerzhafte Blutungen kann der Eisen- und Mineralstoffspiegel stark absinken. Außerdem gehen viele lebenswichtige Vitamine verloren. Bei manchen Frauen sind die Schmerzen so stark, daß sie für einige Tage im Bett bleiben müssen. Das ist nicht selten der Fall, wenn seelische Probleme dazukommen.

Die üblichen Schmerzmittel sprechen kaum an und sind außerdem gefährlich, denn durch diese Drogen können nach längerer Anwendungszeit Nierenbeschwerden und Leberstörungen auftreten. Auch kommt es dabei leicht zur Gewöhnung und damit zu einer verminderten Wirkung der Analgetika, wodurch ein verhängnisvoller Kreislauf entsteht und immer mehr Schmerzmittel eingenommen werden müssen, um die gleiche Wirkung zu erzielen. Die Folgen können verheerend sein. Dieser Teufelskreis kann durch eine gezielte Saftkur durchbrochen werden. Sie wirkt abschwellend, wassertreibend und entzündungshemmend, wodurch einer schmerzhafte Regelblutung vorgebeugt werden kann.

Empfehlenswert bei <u>Regelbeschwerden</u> ist folgende Saftmischung:

15 Karotten
1 kleine Zwiebel
1 Knoblauchzehe
1 Golden-Delicious-Apfel

Von dieser Mixtur trinke man vor den Mahlzeiten dreimal täglich 200 ml. Durch den Gehalt an Vitamin C, Betacarotin, Mineralstoffen, Selen, Molybdän und Germanium kann auch ein gestörtes Hormongleichgewicht nach längerer Anwendungszeit korrigiert werden.

Wenn bei den Regelblutungen der Blutverlust jeweils recht hoch ist, sollte eine fachärztliche Untersuchung durchgeführt werden, um Myome und andere Erkrankungen ausschließen zu können. Folgende Saftmischung ist geeignet, <u>verstärkte Blutungen</u> abzuschwächen:

1 Bund Petersilie
3 Kohlblätter
5 Karotten
1 weiße Rübe
1 Boskopapfel

Durch diesen wohlschmeckenden Mischsaft werden dem Körper wertvolle Vitamine und Spurenelemente zugeführt, so daß eine Störung im Periodenablauf korrigiert werden kann. Außerdem ist diese Mischung reich an Vitamin K, welches die Blutungsneigung verringert. Das in diesem Extrakt enthaltene Magnesium kann das Ionengleichgewicht innerhalb der Muskelfasern des Uterus korrigieren. Schmerzhafte Anspannungen der Gebärmuttermuskulatur werden auf diese Weise verhindert. Weitere in dieser Mischung vorhandene Mineralstoffe entspannen die glatte Muskulatur des Gebärmutterhalses, so daß quälende Muskelkontraktionen vermieden werden.

Betreffen die <u>Schmerzen</u> bei der Regelblutung den <u>gesamten Unterbauchbereich</u>, ist zu dieser Früchtemixtur zu raten:

1 Ananas
1 Mango
1 Papaya
1 Honigmelone

Die Saftkombination sollte dreimal täglich in einer Menge von mindestens 250 ml vor jeder Mahlzeit getrunken werden. Damit wird genügend Kalium geboten, um gleichzeitig entzündungshemmend und muskelentspannend zu wirken. In diese Richtung zielt auch der Magnesiumgehalt.

Vermindern langanhaltende Regelblutungen den Eisengehalt des Blutes, sollten täglich zwei Kapseln *Ferrum compositum* (Hochenegg GmbH) oder ein anderes Eisenpräparat eingenommen werden. Reich an Eisen ist auch diese Saftmischung:

50 g Petersilie
2 cm Ingwerwurzel
3 Kohlblätter .
1 Tomate
2 Broccoliröschen

Von dieser Mischung mindestens dreimal 50 ml vor den Mahlzeiten einnehmen. Dadurch läßt sich ein Eisenmangel innerhalb von vier bis fünf Monaten ausgleichen. Das in diesem Mischsaft vorkommende organisch gebundene Eisen wird vom Körper besonders leicht aufgenommen.

Wenn die Regelbeschwerden mit Blässe, Müdigkeit, Schwäche, Depressionen und Bauchschmerzen einhergehen, ist folgende Saftmischung zu empfehlen:

2 Maracujas
1 Gravensteiner Apfel
2 Blutorangen
2 cm Ingwerwurzel

Dieser Saftmix enthält sehr viele Mineralstoffe, Vitamine, Betacarotine und Bioflavonoide. Auf diese Weise kommt es innerhalb einer drei- bis vierwöchigen Anwendungszeit zur Besserung des Allgemeinbefindens, zu einer Entschlackung und Entgiftung, zu einer Normalisierung des Blutbildes und zu einer Regulierung des gestörten Hormonhaushaltes.

Wird die Regelblutung von <u>Kopfschmerzen, Blässe, niedrigem Blutdruck</u> und <u>Brechreiz</u> begleitet, ist folgende Mischung hilfreich:

2 Stangen Sellerie
3 Broccoliröschen
2 Boskopäpfel
1 Blutorange
2 cm Ingwerwurzel

Diese Saftmischung ist wohlschmeckend und versorgt den Körper ausreichend mit Magnesiumionen, wodurch die Krampfbereitschaft der Uterusmuskulatur herabgesetzt wird. Außerdem wirkt dieser Mischsaft ausgleichend, so daß auch hartnäckige Kopfschmerzen, Brechreiz, Müdigkeit und Unlustgefühle vergehen können. Nach einer längeren Anwendungszeit sind auch hormonelle Störungen behoben. Es ist jedoch anzuraten, in zwei- bis dreimonatigen Abständen durch eine Blutuntersuchung prüfen zu lassen, ob das hormonelle Gleichgewicht erreicht wurde. Ist das nicht der Fall, so sollte die Saftkombination weiterhin über einige Monate eingenommen werden.

Schlafstörungen

Viele Menschen stellen zu hohe Anforderungen an den Schlaf. Sie glauben, sie müßten um 10 Uhr abends auf Befehl einschlafen und Punkt 6 Uhr morgens aufwachen können. Dazwischen müsse ein ununterbrochen andauernder süßer Schlummer mit angenehmen Träumen liegen. Jede Schlafstörung, ob beim Ein- oder Durchschlafen, wird als außerordentlich belastend empfunden. Das kann schwere psychische Folgen haben.
Wahre Heerscharen von Medizinern und Wissenschaftlern erforschen den Rhythmus und die Struktur des Schlafes. Inzwischen ist eine ganze Reihe von seelischen, physischen bis zu umwelt-

bedingten Faktoren bekannt, die zu derart massiven Schlafstörungen führen können, daß der Schlaf nicht mehr Ruhe und Erholung bringt, sondern Unruhe, Zittern und Angstträume. Viele chemische Pharmaka wie z. B. drüsenanregende Mittel, koffeinhaltige Getränke, Thein und Theobromin können den Schlafrhythmus negativ beeinflussen. Dazu gehört auch Alkohol.

Einen normalen Schlafrhythmus sollte man durch sportliche Aktivitäten fördern. Ein Waldspaziergang, eine Fahrradfahrt oder das Treten auf dem Heimtrainer kann die zum Einschlafen notwendige Müdigkeit verursachen. Auch das Autogene Training ist geeignet, einen natürlichen, physiologischen Schlaf zu fördern. Wer an Schlafstörungen leidet, sollte koffeinhaltige Getränke, Kaffee, Tee, Kakao und Cola von seinem täglichen Getränkeplan streichen. Am Abend Alkohol zu trinken, kann vielleicht für zwei bis drei Stunden zu einem schlafähnlichen Zustand führen, dann kommt jedoch mit Sicherheit das Aufwachen, und das neuerliche Einschlafen verzögert sich, denn durch Alkohol werden die Phasen blockiert, die mit schnellen Augenbewegungen und Traummustern verbunden sind. Auch Defizite an Enzymen und Spurenelementen wie zum Beispiel Magnesiummangel können Unruhe und Schlaflosigkeit zur Folge haben.

Wenn bei Schlaflosigkeit ein <u>Mangel an Nikotinsäure</u> vorliegt, sollte folgende Saftmischung getrunken werden:

2 Tomaten
15 Karotten
3 Röschen Broccoli
2 Stangen Sellerie

Von diesem Mischsaft dreimal täglich 150 ml trinken. Kurz vor dem Einschlafen ist eine Menge von 200 ml zusätzlich empfehlenswert. Dadurch kann der Körper mit Nikotinsäure versorgt werden, die für das normale Einschlafen unbedingt notwendig ist.

Verhindert ein Mangel an Vitamin B₆ das Einschlafen, ist diese Mixtur zu empfehlen:

10 Spinatblätter
5 Mangoldblätter
20 Karotten
1 Knoblauchzehe

Auf diese Weise wird der Körper ausreichend mit Vitamin B₆ versorgt, wodurch das Einschlafen erleichtert wird. Die Trinkmenge sollte nicht unter dreimal täglich 50 ml liegen.

Treten in der Nacht Wadenkrämpfe auf, wobei der Magnesiumspiegel zu tief liegt, wirken sich mindestens zwei Tabletten *Magnesiumorotat* (z. B. von der Hochenegg GmbH) sowie folgende Saftmischung günstig aus:

100 g Petersilie
3 Kohlblätter, am besten Grünkohl
200 g Brombeeren

Von dieser Kombination mindestens dreimal täglich 50 ml einnehmen. Dadurch wird der Körper ausreichend mit Magnesium versorgt, das für einen gesunden, ruhigen Schlaf unentbehrlich ist.

Kommt es nachts neben Wadenkrämpfen auch noch zu Venenschmerzen, ist folgende Saftmischung hilfreich:

50 blaue Trauben
1 Ananas
2 Golden-Delicious-Äpfel

Von diesem Mischsaft, der sehr gut schmeckt, sollten dreimal täglich 200 ml konsumiert werden. Die damit angebotenen pflanzlichen Enzyme erleichtern das Einschlafen und vertiefen den Schlaf. Zugleich wird Wadenkrämpfen und Venenbeschwerden vorgebeugt.

Stören Nervosität, Unruhe und Depressionen den Schlaf, kann folgende Mixtur heilsam wirken:

20 Blätter Kopfsalat
3 Stangen Sellerie
2 Kohlrabi
100 g Rapunzelsalat

Von diesem Saft sollten 250 ml kurz vor dem Zubettgehen getrunken werden. Das fördert das Einschlafen, das Durchschlafen und beseitigt schnell Depressionen, Angst und negative Gedanken.

Wenn der Schlaf durch Angstzustände, Selbstwertzweifel, Phobien, Sorgen und Probleme gestört ist, ist diese Mischung zu empfehlen:

3 Krautblätter (Weißkohl)
100 g Petersilie
20 Karotten
3 Stangen Sellerie
3 Stangen Spargel
1 Tomate
200 g Brunnenkresse

Diese Mischung hat einen stimmungsaufhellenden Effekt und kann gleichzeitig das natürliche Schlafbedürfnis fördern und das Durchschlafen erleichtern. Dreimal täglich 100 ml und vor dem Schlafengehen nochmals 50 ml davon trinken. Meist bessert sich die Schlaflosigkeit schon nach der dritten oder vierten Anwendungswoche.

Stören Angstzustände, Unruhe, negative Gedanken und Zwangsvorstellungen das Einschlafen, ist folgende Mischung erfolgversprechend:

1 Honigmelone
3 Maracujas
2 Kiwis
2 Boskopäpfel
30 Brombeeren

Diese Saftmischung sollte abends vor dem Einschlafen in einer Menge von 250 ml getrunken werden. In schweren Fällen noch einen Eßlöffel Honig zusetzen, der Geschmack und Wirkung verbessert. Nach einer Anwendungsdauer von drei bis vier Wochen reguliert sich der Schlafrhythmus und das Einschlafen wird erleichtert. Um einen Rückfall zu vermeiden, sollte diese Mixtur mindestens neun bis zwölf Monate lang eingenommen werden.

Wenn Angstzustände und zwanghafte Vorstellungen das Einschlafen sowie das Durchschlafen behindern, ist diese Mischung anzuraten:

3 Passionsfrüchte
1 Honigmelone
1 Papaya
1 Pomelo
2 Sapotefrüchte

Davon vor dem Einschlafen 250 ml einnehmen. Wird diese Mixtur mit einem Eßlöffel Waldhonig gesüßt, verstärkt sich die positive Wirkung. Auch dieser Saft sollte, um einen sicheren Erfolg zu erzielen, neun bis 18 Monate lang getrunken werden. Es dauert nämlich relativ lange, bis sich ein gestörter Schlaf-Wach-Rhythmus wieder einreguliert.

Schlaganfälle

Die 75jährige Rentnerin traf es wie aus heiterem Himmel. Sie hatte auf einmal starke Kopfschmerzen und ein leichtes Schwindelgefühl. Zunächst glaubte sie, diesen Beschwerden mit einer Schmerztablette begegnen zu können. Dann aber richtete sich ihr Blick starr nach einer Seite, Arme und Beine wurden von einer Sekunde auf die andere bewegungsunfähig. Die zuvor noch rüstige Frau hatte einen Schlaganfall erlitten.

In Mitteleuropa gehen ungefähr 20 Prozent aller Todesfälle auf einen Schlaganfall zurück. Im Alter werden Männer und Frauen davon gleich stark betroffen. Die Risikofaktoren sind: hohes Alter (über 70), zu hoher Blutdruck (ständig über 160/100), Alkoholmißbrauch (über 100 g reiner Alkohol pro Tag), Nikotinabusus (über 20 Jahre hindurch über 20 Zigaretten am Tag), schlecht eingestellter *Diabetes mellitus* (20 Jahre hindurch Zuckerwerte über 250), erhöhte Blutfettwerte (über 20 Jahre lang Cholesterin über 300), erhöhte Triglyceridwerte (über 30 Jahre lang über 250 mg), um nur die wichtigsten zu nennen.

Wenn z. B. zehn Jahre lang geraucht wird und eine Frau während dieser Zeit Ovulationshemmer einnimmt, ist das Risiko, an einem Schlaganfall zu erkranken, fünfmal so hoch als es einer gleichaltrigen, nichtrauchenden Bevölkerungsgruppe entspricht. Manchmal geht dem Schlaganfall auch seelische Aufregung voraus. Und in einigen Fällen spielen Erbfaktoren eine Rolle.

Nach einem Schlaganfall kehrt die Beweglichkeit der Beine schneller zurück als die der Arme. Auch wenn sich der Schlaganfall völlig zurückgebildet hat, ist manchmal noch ein gebeugter kleiner Finger auf der betreffenden Seite das letzte Zeichen, das aber gleichfalls mit der Zeit verschwindet. Bei ungefähr 20 Prozent aller Schlaganfälle kommt es auch zu einer Einschränkung des Gesichtsfeldes. Wenn die rechte Körperhälfte

gelähmt ist, ist auch meistens das Sprachverständnis, das Sprach-
empfinden oder die sprachliche Ausdrucksweise gestört.

Wichtig für Menschen im höheren Alter ist es, daß jeder Mangel
an Mineralstoffen und Spurenelementen sofort ausgeglichen
wird, denn er kann sich auf die Herz- und Hirndurchblutung
negativ auswirken. Wenn Störungen in der Blutgerinnung vorkommen, sollte das internistisch abgeklärt werden.

Um das Blut dünnflüssig zu halten, ist folgende Mischung zu
empfehlen:

3 cm Ingwerwurzel
1 Honigmelone samt Kernen
2 Knoblauchzehen
1 Papaya
1 Mango

Zur Vorbeugung eines Schlaganfall sind dreimal 150 bis 250 ml
von diesem Saft zu trinken. Er hält das Blut dünnflüssig und verhindert auf diese Weise einen möglichen Schlaganfall. Die Saftmischung ist mindestens ein bis zwei Jahre hindurch zu konsumieren.

Wenn der Körper zu wenig Magnesium enthält, kann folgende
Saftkombination helfen:

10 Kohlblätter
3 Knoblauchzehen
100 g Petersilie
100 g Brunnenkresse
100 g Kapuzinerkresse
2 Okraschoten
3 Boskopäpfel

Diese Mischung enthält alle pflanzlichen Vitamine und Enzyme,
die einem Schlaganfall entgegenwirken. Man trinkt davon drei-

mal 200 ml täglich vor den Mahlzeiten. Damit wird der Körper ausreichend mit natürlich vorkommendem Magnesium versorgt.

<u>Droht ein weiterer Schlaganfall</u> nach einem bereits erlittenen, kann diese Säftemischung vorbeugend wirken:

5 cm Ingwerwurzel
1 Grapefruit
1 Papaya
1 Knoblauchzehe
5 Kohlblätter
10 Endiviensalatblätter

Davon täglich mindestens dreimal 100 ml einnehmen. So kann ein bestehender Schlaganfall ganz langsam günstig beeinflußt werden. Auch eine vorhandene Einschränkung des Gesichtsfeldes bessert sich deutlich, da die Gehirndurchblutung auf ein optimales Niveau gebracht wird. So können sich lädierte Gehirnteile langsam wieder erholen. Allgemein ist anzuraten, diese Saftmischung über zwei bis drei Jahre lang einzunehmen, um vor einem weiteren Schlaganfall geschützt zu sein.

Es muß an dieser Stelle betont werden, daß bei einer Schlaganfallnachbehandlung wertlose Nahrungsmittel keinen Platz auf dem Ernährungsplan haben sollten. So ist auf Weißmehlprodukte, fritierte, gebackene, gebratene Speisen sowie auf Genußgifte zu verzichten. Besonders bei Frauen ist die Einnahme von alkoholhaltigen Getränken drastisch einzuschränken. Auch Tabakkonsum ist mit gesunden Lebensgewohnheiten nicht zu vereinbaren.
Paradoxerweise gibt es aber Menschen, die auch nach einem Schlaganfall nicht auf Zigaretten verzichten können. Es wird also trotz besserer Einsicht weitergeraucht, ohne daß die Gefährlichkeit des eigenen Fehlverhaltens beachtet wird. Es handelt sich

dabei in vielen Fällen um zugrundeliegende Depressionen mit starker Todessehnsucht. Der Patient will nicht auf die direkte Weise Selbstmord begehen, sondern langsam, sozusagen auf Raten, die in einem Schlaganfall gipfeln.

Kommt es zu mehreren <u>kurzzeitigen Bewußtseinsausfällen,</u> die Vorboten eines Schlaganfalls sein können, ist diese Saftmischung erfolgversprechend:

2 Papayas
3 cm Ingwerwurzel
1 Pomelo
10 Spinatblätter
5 Mangoldblätter
2 Stangen Sellerie
3 Boskopäpfel

Von dieser wohlschmeckenden Saftmischung trinkt man täglich dreimal 250 ml vor den Mahlzeiten. Ist die Mixtur über ein halbes bis zu einem Jahr eingenommen worden, sind 90 Prozent der Risikofaktoren für einen Schlaganfall beseitigt.

Bei <u>Störungen der Merk- und Assoziationsfähigkeit,</u> der Wortflüssigkeit sowie des Kurz- und Langzeitgedächtnisses hat sich diese Saftkombination bewährt:

3 cm Ingwerwurzel
15 Kohlblätter
1 Knoblauchzehe
3 Boskopäpfel

Diese Saftmischung sollte auf jeden Fall ein bis zwei Jahre lang durchgehend konsumiert werden. Die ideale Trinkmenge beträgt dreimal 150 ml täglich. Dabei wird die Gefahr, an einem Schlaganfall oder an einem weiteren zu erkranken, auf ein Minimum reduziert.

Wenn ein <u>Mangel an Kalium, Zink und Vitamin E</u> vorliegt, sollte folgende Saftkombination getrunken werden:

10 Spinatblätter
3 Stangen Spargel
20 Karotten
2 Knoblauchzehen
2 cm Ingwerwurzel
3 Okraschoten

Davon dreimal täglich mindestens 150 ml einnehmen. Die Gefahr eines Schlaganfalles wird mit diesem Saft vermindert. Zur Vorbeugung kann auch Autogenes Training helfen, da es zu einer Muskelentspannung führt. Es garantiert eine auf natürliche Weise verbesserte Gehirndurchblutung.

Schulter-Nacken-Verspannungen

(Cervicalsyndrom)

Vor allem bei Sekretärinnen, bei Computerspezialisten und Buchhaltern kommt es durch stundenlanges Sitzen in derselben Haltung zu Verspannungen der Nackenmuskulatur. Die Folge sind schmerzhafte Reaktionen des Bindegewebes. Die Schultermuskulatur ist hart und verspannt, manchmal strahlen die Schmerzen bis in den Hinterkopf oder die Ellenbogen aus. Diese Erkrankung verläuft in mehreren Stufen. Zuerst ist die Muskulatur hart und druckempfindlich. In einer weiteren Stufe treten Verspannungen auf, die auch organische Auswirkungen haben. Die Halswirbelsäule gerät in eine abnorme Streckhaltung. Dadurch werden die Bandscheiben überbeansprucht. Mit der Zeit nehmen die Bandscheiben im cervicalen Bereich Schaden. Deshalb kommt es zu einem Taubheitsgefühl und zu Mißempfindungen längs der Fingerspitzen. In einer weiteren Stufe droht dann ein Bandscheibenvorfall, der in manchen Fällen irreversibel ist, und neurologische Ausfälle wie z. B. Taubsein, Mißempfindungen und Abschwächungen der Muskelkraft können nur durch eine Operation behoben werden.

Wenn die <u>Entzündung chronisch</u> geworden ist, sollte folgende Saftmischung getrunken werden:

3 cm Ingwerwurzel
150 g Karotten
1 kleiner Apfel
1 kleine Zwiebel

Mindestens dreimal täglich 150 ml davon trinken. Dadurch entsteht eine stark entzündungshemmende Wirkung.

Sollten nach einer Woche die <u>Schmerzen</u> noch <u>nicht nachgelassen</u> haben, ist diese Saftmischung anzuwenden:

10 Spinatblätter
3 Stangen Spargel
2 Kiwis
1 Pampelmuse

Diese Mischung ist Vitamin-E- und zinkreich, wodurch sich bestehende Entzündungen und eine beginnende Entzündungsbereitschaft beseitigen lassen.

Wenn beim <u>Cervicalsyndrom</u> zum Beispiel <u>Taubheit und Miß-</u>
<u>empfindungen in den Fingerspitzen</u> vorhanden sind, kann fol-
gende Saftmischung Abhilfe schaffen:

3 Grünkohlblätter
2 weiße Rübenblätter
10 Spinatblätter
2 Tomaten
3 cm Ingwerwurzel
2 Knoblauchzehen

Von dieser Mischung täglich dreimal 200 ml trinken. Die Wirkung ist am besten, wenn der Saft vor den Mahlzeiten eingenommen wird. Innerhalb von zwei bis drei Wochen bessern
sich die Parästhesien (»Einschlafen«), und die Mißempfindungen in den Fingerspitzen lassen langsam nach. Diese Saftmischung ist mineralstoff- und vitaminreich, auch Spurenelemente
kommen in ausreichender Menge vor. Die Selbstheilungskräfte
des Körpers werden angeregt, und die Beschwerden verschwinden so, wie sie gekommen sind.

Zeigen sich im Krankheitsbild <u>hartnäckige Kopfschmerzen, Miß-</u>
<u>empfindungen in den Armen</u> und <u>Bewegungseinschränkungen</u>
<u>des Kopfes und der Schultergelenke,</u> sollte folgender Saft konsu-
miert werden:

100 g Petersilie
2 Knoblauchzehen
10 Karotten
1 Stange Sellerie
3 Okraschoten
5 Blätter Endiviensalat

Diese Mischung ist reich an Vitamin C, an Spurenelementen,
Zink, Vitamin E und Mineralstoffen. Sie aktiviert das körperliche
Abwehrsystem. Ganz bestimmte Lymphozytenpopulationen neh-

men zu. Dadurch können Entzündungen und Schwellungen des Gewebes überraschend schnell zurückgehen. Außerdem kommt es zu einem Kaliumüberschuß, Natrium wird vermehrt ausgeschieden, wodurch krankhafte Wasseransammlungen und Schwellungen in der betreffenden Körperregion verringert werden. Dies wiederum erleichtert den Heilungsprozeß deutlich. Empfehlenswert ist es, die Saftmischung mindestens vier bis sechs Wochen regelmäßig einzunehmen. Danach kann die Dosis auf die Hälfte reduziert werden. Aber auch wenn die akuten Krankheitserscheinungen verschwunden sind, sollte aus prophylaktischen Gründen bei dieser Kombination geblieben werden, um einen Rückfall zu verhindern.

Schuppenflechte

(Psoriasis vulgaris)

Der 32jährige Vertreter hatte nichts unversucht gelassen, um die abstoßend wirkenden Schuppen loszuwerden. Das war in seinem Beruf besonders wichtig. Doch nichts wollte helfen. Der junge Mann gewöhnte sich schließlich daran, keine dunklen Jacken oder Anzüge mehr zu tragen. Er wechselte zu hellkarierten Stoffen. Aber sicher fühlte er sich auch darin nicht.
Der Vertreter litt an einer sehr häufig auftretenden Hautkrankheit, der Schuppenflechte. Bei vielen Betroffenen bleibt diese Krankheit mehr oder weniger im Hintergrund und bricht erst während biologischer Krisensituationen aus, z. B. in der Pubertät, bei Streß und Unruhe, bei nervöser Belastung, bei Depressionen oder auch während der Menopause. Dabei ist charakteristisch, daß sich die Hautzellen bis zu 500 mal häufiger als üblich teilen. Das führt zu einer Überproduktion von Schuppen,

hauptsächlich an den Vorzugsstellen wie Ellenbogen, Haaransatz, Fingernägeln, Schienbein und Kniegelenken. Manchmal ist der ganze Körper von der Krankheit befallen, wobei oft nur noch im Gesicht Stellen frei bleiben. Bei einer akuten Erkrankung ist die Haut gerötet und von einer silbrigglänzenden Schuppenschicht überzogen. Die Schuppenflechte sollte von einem Hautarzt diagnostiziert und behandelt werden. Das ist wichtig, weil es Hauterkrankungen gibt, die einer Schuppenflechte ähnlich, aber bösartig sein können, wie das Stachelzellkarzinom.

Wenn bei der Schuppenflechte durch eine Laboruntersuchung ein Zinkmangel nachgewiesen wurde, sollte folgende Säftemischung getrunken werden:

30 Karotten
1 Bund Petersilie
3 Stangen Sellerie
10 Mangoldblätter
10 Blätter Endiviensalat

Von dieser Mischung dreimal täglich 50 ml einnehmen. Auf diese Weise kann innerhalb von drei bis vier Wochen der Zinkmangel ausgeglichen werden. Bis zum Abklingen der Hauterscheinungen bei der Saftbehandlung bleiben, um einem Rückfall vorzubeugen.

Ist ein Folsäuremangel festgestellt worden, kann folgende Mischung helfen:

10 Spinatblätter
3 Krautblätter (Weißkohl)
10 Rote-Bete-Blätter
3 Okraschoten
100 g Rapunzelsalat

Dieser Saft ist reich an Folsäure, wodurch das Abklingen der entzündlichen Hauterscheinungen begünstigt wird.

Bei einem <u>Mangel an Betacarotin</u> ist diese Mischung erfolgversprechend:

20 Karotten
1 Honigmelone
1 Papaya
10 Blätter Grünkohl
5 Krautblätter (Weißkohl)
200 g Brunnenkresse

Mindestens dreimal täglich 150 ml von dem Mischsaft trinken. Wenn der Saft regelmäßig eingenommen wird, bilden sich die entzündlichen Hauterscheinungen ganz langsam zurück. Zuerst wird bei den Schuppen der Innenhof flacher, die entzündliche Erhabenheit vergeht, von der Mitte her heilen die Hauterscheinungen aus, schließlich sind nur mehr ganz wenige Schuppen vorhanden. Diese sitzen dann nicht mehr auf einer entzündeten Haut, sondern können, ohne daß eine Blutung entsteht, mit einem Steinölshampoo abgelöst werden.

Sind durch die Schuppenflechte viele <u>zusammenfließende, große Flecken</u> entstanden, ist folgender Saft zu empfehlen:

2 Papaya
1 Honigmelone
3 cm Ingwerwurzel
2 Rote-Bete-Knollen

Davon mindestens dreimal täglich 100 ml konsumieren. Es kommt dann langsam zu einem Verblassen der Hauterscheinungen, die Erhabenheit der Hauteffloreszenzen vergeht allmählich innerhalb von zwei bis drei Wochen, die Schuppenbildung läßt nach, und es bildet sich eine neue, gesunde Haut ohne abnorme Verhornungserscheinungen.

Kommt es zu einem starken Juckreiz, ist folgende Mischung anzuraten:

2 Knollen rote Bete
2 Boskopäpfel
20 Karotten
5 cm Ingwerwurzel
1 Pomelo

Von diesem Mischsaft sollten täglich dreimal 200 ml getrunken werden. Dadurch können sich die entzündlichen Hauterscheinungen innerhalb von zwei bis drei Wochen langsam zurückbilden, und der Juckreiz verschwindet schon in der ersten Woche. Bis zum vollkommenen Abheilen der Haut können drei bis vier Monate vergehen. Zusätzlich sollte eine Ganzkörperbestrahlung mit speziellen UV-Lampen erfolgen.

Hat sich eine Schuppenflechte hauptsächlich im Gehörgang, an den Fingernägeln, an den Ellenbogen und am Haaransatz gebildet, empfiehlt es sich, folgende Saftmischung einzunehmen:

3 cm Ingwerwurzel
3 Blutorangen
2 Golden-Delicious-Äpfel
1 Papaya
1 Ananas

Die Trinkmenge beträgt dreimal täglich 200 ml. Der Saft hat eine entzündungshemmende Wirkung. Die Schuppenbildung läßt in drei bis vier Wochen nach, die entzündlichen Hauterscheinungen bilden sich zurück und der Verhornungsvorgang der Haut normalisiert sich.

Wenn von der Schuppenflechte <u>Gelenke stark betroffen</u> sind *(Psoriasis arthropathica),* sollte folgender Saftmischung zugesprochen werden:

10 Löwenzahnwurzeln
10 Brennesselwurzeln
30 Karotten
1 Knoblauchzehe
4 Golden-Delicious-Äpfel

Von dieser Mischung trinkt man dreimal 200 ml vor den Mahlzeiten. Dabei wird der Körper entgiftet, und die entzündlichen Gelenkerkrankungen verschwinden nach zwei bis drei Wochen. Auch die bei der *Psoriasis arthropathica* vorhandenen Schuppen unter den Fingernägeln lassen sich positiv beeinflussen. Das normale Nagelwachstum wird gefördert, und die Hauterscheinungen normalisieren sich innerhalb von drei bis vier Wochen. Nach weiteren vier bis sechs Wochen bessern sich auch die damit zusammenhängenden Gelenkerscheinungen an den Fingern, Zehen, den Mittelhand- und Mittelfußknochen.

Übergewicht mit Heißhunger

Ach du Schreck, schon wieder ein Kilo zugenommen! Da helfen keine Ausreden, die Waage bleibt unerbittlich. Der Postangestellte hat auch allen Grund, sich Sorgen zu machen. Denn ein Übergewicht bei einem Körpermaßindex von 30 und mehr läßt das Herzinfarktrisiko stark ansteigen. Bei einem Körpermaßindex zwischen 26 und 29 – das bedeutet leichtes Übergewicht – ist das Herzinfarktrisiko beträchtlich erhöht. Der Index kann folgendermaßen ausgerechnet werden: Gewicht in Kilogramm zweimal geteilt durch Körpergröße in Metern. Ideal ist es, wenn der Index zwischen 21 und 25 liegt.

Bei bestimmten Fällen von Übergewicht wird mit großer Gier alles gegessen, was auf Dauer gesehen ungesund und sehr kalorienreich ist. Vor allem Schokolade und Süßigkeiten werden bevorzugt. Bei Frauen kommt diese Sucht nach Süßigkeiten häufig vor. Die Gier nach Naschwerk ist tatsächlich meist ein Verlangen nach natürlicher, vollwertiger Nahrung, die aus bestimmten Gründen nicht angeboten oder abgelehnt wird. So ist die Gier nach Süßigkeiten mehr oder weniger eine Suche nach einer Ersatzbefriedigung, und eigenartigerweise wird das Verlangen nach Süßem um so größer, je mehr davon gegessen wird.

In vielen Fällen kann durch eine Laboruntersuchung herausgefunden werden, was der Sucht nach Süßigkeiten zugrunde liegt. Oft wurde ein Chrommangel festgestellt. Auch ein Selendefizit kann dazu führen, daß übermäßig viel Süßes gegessen wird.

Folgende Saftkombination kann bei dieser Art von Heißhunger helfen:

1 grüne Paprikaschote
2 Äpfel
3 Mangoldblätter
10 Karotten
100 g Brunnenkresse
1 Knoblauchzehe

Dieser wohlschmeckende Mischsaft beseitigt den Hunger nach Süßigkeiten. Wenn durch dieses Getränk der eigentliche Hunger des Körpers auf Mineralstoffe und Spurenelemente befriedigt ist, hört das krankhafte Verlangen nach Süßem wie von selbst auf. Zur Unterstützung dieser Saftkur kann noch täglich eine Kapsel *Selenmethionin* eingenommen werden.

Besteht ein <u>Heißhunger nach Salz und scharfen Gewürzen</u>, kann folgende Saftmischung empfohlen werden:

2 cm Ingwer
100 g Petersilie
1 rohe Kartoffel
1 Knoblauchzehe
5 Karotten
3 Rote-Bete-Blätter

Diese Mischung ist reich an organisch gebundenem Zink, außerdem magnesium- und Vitamin-B$_6$-reich. Es kommt zu einer Sättigung des Körpers mit wertvollen Vitaminen und Mineralsalzen, wodurch jedes krankhafte Salzbedürfnis innerhalb von drei bis vier Wochen wie von selbst vergeht.

Bei übersteigerter <u>Gier nach Kartoffelchips</u> sollte folgende Saftmischung zubereitet werden:

3 Broccoliröschen
3 Karfiolröschen (Blumenkohl)
1 Knoblauchzehe
10 Spinatblätter
10 Karotten
1 Okra

Der Saft dieser Obst-Gemüse-Kombination ist besonders geeignet, jedes Verlangen nach leeren Kalorien zu stoppen. Wenn diese Saftkur einige Wochen durchgeführt wird, vergeht das Verlangen nach Knabbergebäck, das dick macht, aber dem Körper keine Mineralstoffe bietet, wie von selbst.

Bei Eisenmangelanämie hat sich folgende Saftkombination bewährt:

200 g Sanddornfrüchte
10 Acerolakirschen
1 Mango
2 Papayas
2 Grapefruits

Von diesem Saft sollten täglich mindestens dreimal 150 ml getrunken werden. Durch die sorgfältig ausgewählte Früchtekombination kann der Körper mit allen wertvollen Mineralstoffen und vor allem mit Eisen versorgt werden. Bei ausgeprägtem Eisenmangel ist diese Saftkur mindestens ein bis zwei Jahre einzuhalten, um den Mangel vollkommen zu beheben.

Wenn ein Heißhunger auf fette Nahrungsmittel besteht, ist meistens ein Mangel an Kupfer, Molybdän und Germanium vorhanden. In diesem Fall ist eine besonders vitamin- und mineralstoffreiche Saftmischung empfehlenswert:

3 Sternäpfel
2 Sawofrüchte
1 Grapefruit
1 Orange

Durch diesen Saft kann ein Mineralstoffdefizit besonders schnell ausgeglichen werden. Außerdem wird der Körper reichlich mit pflanzlichen Enzymen versorgt. Dadurch wird jedes pathologische Hungergefühl beseitigt.

Bei Heißhunger auf saure Speisen können sich giftige Schwermetalle im Körper befinden. Mit derartigen Speisen versucht der Körper, durch eine Erniedrigung des Ph-Wertes Schwermetalle auszuscheiden. In diesem Fall empfiehlt sich folgende Saftmischung:

2 Grapefruits
1 Blutorange
2 Loquats
1 großes Stück Nangka (Jackfrucht)

Diese Fruchtkombination versorgt den Körper reichlich mit Vitaminen und Spurenelementen, so daß jedes krankhafte Eßverhalten korrigiert werden kann. Jeweils ein Glas vor den Mahlzeiten trinken.

Wenn ein <u>Heißhunger auf salzhaltige Nahrungsmittel</u> besteht, kann folgende Gemüsekombination als Saft angeraten werden:

100 g Petersilie
5 Mangoldblätter
10 Karotten
3 Stangen Spargel
2 Stangen Sellerie

Diese Mischung sollte in der Menge von dreimal 100 ml täglich konsumiert werden.

Ist das <u>Gewebe schwammig</u> verändert und besteht gleichzeitig noch <u>Cellulitis</u>, hilft folgende Saftmischung:

3 Äpfel
3 Kaktusfeigen
2 Pulasanfrüchte
1 Honigmelone

Davon mindestens dreimal 250 ml täglich trinken. Bereits nach kurzer Zeit vergeht jeder krankhafte Appetit auf leere Kalorien. Um die Cellulitits zu beseitigen, sollte dieser Mischsaft mindestens eineinhalb bis zwei Jahre lang täglich eingenommen werden. Die Wirksamkeit der Mixtur beruht auf der Versorgung mit hochwertiger Nahrung und pflanzlichen Enzymen, wodurch das Gewebe straffer und jugendlicher wird. Denn jede Nahrung, in der zu wenig Mineralstoffe und Vitamine sind, belastet den Körper auf unnötige Weise, macht das Gewebe schwammig und läßt die Bindegewebsfasern degenerieren, so daß Cellulitis unweigerlich auftreten muß.

Fehlen dem Körper Eisen, Folsäure und Vitamin B_{12}, hilft diese Gemüsemischung:

10 Rote-Bete-Blätter
20 Karotten
3 Äpfel
1 Knoblauchzehe

In dieser Saftkombination ist Eisen organisch gebunden, so daß es besonders leicht vom Körper aufgenommen werden kann. Hat sich der Eisenspiegel nach drei bis vier Monaten nicht normalisiert, sollten zusätzlich Eisenkapseln eingenommen werden, z. B. *Ferrum compositum* von der Hochenegg GmbH.

Wenn Übergewicht und ein abnormes Verlangen nach Alkohol bestehen, sollte folgende Saftmischung getrunken werden:

2 Batakafrüchte
3 Guaven
1 Sapote
300 g Kronsbeeren

Von dieser Saftmischung sind täglich dreimal 250 ml erforderlich. Innerhalb von vier bis fünf Wochen vermindert sich das krankhafte Verlangen nach Alkohol, denn der Mischsaft enthält Fruchtsäuren, die jedes Verlangen nach Alkohol beseitigen. Mit den angebotenen pflanzlichen Enzymen kann sich die durch Alkohol degenerierte Leber innerhalb von drei bis vier Wochen einigermaßen erholen.

Venenleiden und Krampfadern

Mutter und Großmutter der 52jährigen Rechnungsprüferin hatten bereits unter Krampfadern gelitten. Unsere Patientin hoffte, dadurch nicht erblich vorbelastet zu sein und achtete auf jedes noch so kleine Anzeichen. Um so härter traf es sie, als eine Freundin beim gemeinsamen Besuch eines Hallenbades sie auf die dünne Zeichnung einer beginnenden Krampfader auf der Rückseite ihres linken Oberschenkels aufmerksam machte. Ein Arzt bestätigte dann ihre Befürchtung und auch die erbliche Veranlagung. In manchen Familien kann zum Beispiel der linke Oberschenkel mehrere Generationen hindurch von Krampfadern befallen sein.

Unter Krampfadern versteht man Venen, die infolge eines Klappendefektes nicht mehr imstande sind, das Blut in Richtung des Herzens zurückzubringen. Durch die Klappenschwäche kommt es zu einer Ausweitung der Venenwand. In manchen Fällen bilden die Venen knotenartige Erweiterungen, wo sich das Blut staut. Infolge einer Bindegewebsschwäche können sich die Venen bis fingerdick erweitern und in der Nacht krampfartige Schmerzen hervorrufen. Krampfadern treten gehäuft aufgrund einer erblichen Veranlagung auf.

Wenn es zu Blutungen unter der Haut kommt, bilden sich braune Flecken, welche Hämosiderinablagerungen darstellen. Betreffen die Krampfadern den Afterbereich, spricht man von Hämorrhoiden. Venenerkrankungen sind insbesondere bei sitzender Tätigkeit, bei Bewegungsmangel und falscher Ernährung festzustellen.

Zur <u>Vorbeugung von Venenleiden</u> und deren Beschwerden sollte folgende Mischung getrunken werden:

1 Ananas
1 Papaya
100 g Heidelbeeren

Von diesem Saft sind täglich mindestens dreimal 100 ml zu trinken, um die Venen gesund zu erhalten. Auch mittelgradige Venenbeschwerden, wie z. B. Völlegefühl in den Beinen, können durch die regelmäßige Einnahme dieser Saftmischung deutlich gebessert werden. Wenn diese Saftkombination vier bis fünf Monate hindurch eingenommen wird, kann es auch zu einer Rückbildung von Venenbeschwerden kommen. Auch Hämorrhoidenschmerzen können innerhalb eines halben Jahres selbst dann ausgeheilt werden, wenn sich schon dunkelblaue Knoten in der Afterregion gebildet haben.

Wenn <u>Venenschmerzen</u> vorhanden sind und gleichzeitig ein <u>Thromboserisiko</u> besteht, sollte folgende Saftmischung getrunken werden:

1 Honigmelone
1 Papaya
2 Golden-Delicious-Äpfel

Davon mindestens dreimal 150 bis 250 ml täglich trinken. Dadurch wird der Körper ausreichend mit Betacarotin versorgt, außerdem helfen die pflanzlichen Enzyme in dieser Fruchtmischung vorbeugend gegen Venenleiden. Das Blut wird dünnflüssig gehalten und die Bildung von Thrombosen verhindert.

Sind im Verlauf der Unterschenkelvenen schmerzhafte Verhärtungen aufgetreten, die auf Druck empfindlich reagieren, sollte dieser Saft getrunken werden:

15 Karotten
2 Äpfel
1 Knoblauchzehe
1 kleine Zwiebel
2 cm Ingwerwurzel

Durch diese Mischung kommt es zu einem entzündungshemmenden Effekt. Überflüssige Wassermengen werden schneller ausgeschieden und die Venen entlastet. Auch die Venenwände werden glatter, und es können sich keine Gerinnsel anlagern. Auf diese Weise wird die Emboliegefahr verringert.

Besteht längs des Venenverlaufs ein starker Juckreiz, ist diese Mischung anzuraten:

20 Karotten
10 Mangoldblätter
2 Okraschoten
1 Gravensteiner Apfel

Von dieser Mischung trinkt man dreimal 150 ml täglich. Die Unterschenkelvenen können abschwellen, wodurch Venenstauungen verhindert werden.

Wenn eine Neigung zu Unterschenkelgeschwüren auftritt, die infolge eines jahrelang schlecht behandelten Venenleidens gehäuft vorkommen, sollte folgende Saftmischung eingenommen werden:

200 g Brombeeren
100 g Heidelbeeren
100 g Stachelbeeren
200 g Sanddornfrüchte
3 Acerolakirschen

Diese Saftkombination ist dreimal täglich zu konsumieren. Dadurch kann eine Ausweitung des Unterschenkelgeschwürs verhindert werden. Bei regelmäßiger Einnahme trocknet der Geschwürgrund aus und es bildet sich eine zarte, neue Haut. Es kommt also schneller zu einer Epithelisation des krankhaft veränderten Gewebes. Wenn außerdem noch ein Kompressionsverband und eine gut heilende Wundsalbe verwendet werden (z. B. *Leuzea-cartamoides-Salbe*), kann sich das Geschwür innerhalb von drei bis vier Wochen restlos zurückbilden. Die eben erwähnte Saftkombination sollte jedoch, um einen Rückfall zu verhindern, ein halbes Jahr lang eingenommen werden.

Bilden sich bei einer Venenerkrankung kleine parallele Venenerweiterungen unter der Haut (Besenreiser-Varizen), sollte folgende Saftmischung getrunken werden.

50 g Petersilie
1 Knoblauchzehe
10 Karotten
2 Stangen Spargel
1 Stange Sellerie

Diese Mischung regelmäßig trinken, am besten dreimal 100 ml täglich. Dadurch kann ein optimaler Effekt erzielt werden. In bestimmten Fällen, wenn gleichzeitig ein Bewegungstraining durchgeführt wird, kann sich diese Krankheit, bei der es zu oberflächlichen Venenerweiterungen kommt, fast ganz zurückbilden.

Treten vor allem während der Nachtzeit krampfartige Venenschmerzen auf, kann diese Mischung empfohlen werden:

1 Honigmelone
1 Kiwi
3 Gravensteiner Äpfel

Von diesem Saft trinkt man morgens und mittags je 200 ml, vor dem Schlafengehen sollten noch einmal 250 ml eingenommen werden, um nächtliche Wadenkrämpfe zu verhindern.

Wenn die Venenschmerzen bei jeder Bewegung auftreten und langes Sitzen qualvoll wird, sollte folgender Mischsaft getrunken werden:

1 Sapotefrucht
2 Sternäpfel
2 Boskopäpfel
2 Kiwis
3 cm Ingwerwurzel

Er wirkt innerhalb des Venensystems entzündungshemmend. Überflüssiges Wasser und zuviel Gewebsflüssigkeit werden ausgeschieden, so daß das Venensystem entlastet wird. Der venöse Rückfluß funktioniert besser, die Beschwerden lassen nach, und innerhalb eines halben Jahres kommt es zu einer deutlichen Besserung der Symptome. Wenn zusätzlich noch ein Bewegungstraining durchgeführt wird, ist im Zeitraum eines Jahres eine vollkommene Ausheilung möglich.

Sind hauptsächlich am Abend <u>schwere, geschwollene Beine</u> festzustellen mit einem Spannungsgefühl in den Oberschenkeln und
schmerzender Leistengegend, ist diese Mischung anzuraten:

1 Ananas
1 Kiwi
1 Honigmelone
2 Boskopäpfel
1 Sapotefrucht

Von diesem Saft täglich mindestens dreimal 100 ml trinken. Die
Wirksamkeit ist um so besser, je länger der Mischsaft eingenommen wird. Sollte die Mixtur allein nicht ausreichen, kann
bei der Hochenegg GmbH ein Venentonikum bestellt werden,
von dem man dreimal täglich einen Eßlöffel einnehmen soll.

Wenn die <u>Venen</u> stark und <u>schmerzhaft vorstehen</u>, der ganze
<u>Unterschenkel geschwollen</u> ist und teilweise schon <u>dunkle oder</u>
<u>schwarze Pigmentflecken</u> entstanden sind, sollten 200 ml des
folgenden Saftes dreimal täglich eingenommen werden:

2 Pomelos
2 Gravensteiner Äpfel
2 Sawofrüchte
200 g Sanddornfrüchte
200 g Moosbeeren

Dabei werden die geschwollenen Beine entwässert, der venöse
Rückstrom erleichtert, der Allgemeinzustand bessert sich und
das Druckgefühl in den Beinen läßt nach. Die Pigmentstellen an
den Beinen können innerhalb eines Jahres heller werden und
es treten keine neuen Pigmentstörungen auf, denn es kommt
zu keinen weiteren Blutungen im Unterhautbindegewebe.
Nach drei bis vier Wochen kann die Trinkmenge auf dreimal
150 ml reduziert werden, ohne daß ein Nachlassen der Wirkung
eintritt.

Liegt eine konstitutionelle Bindegewebsschwäche vor, ist diese Saftmischung zu empfehlen:

2 cm Ingwerwurzel
2 Kiwis
2 Blutorangen
15 Karotten

Diese wohlschmeckende Saftkombination stärkt die Venenklappen, und eine Erweiterung der Venen kann sich innerhalb bestimmter Grenzen zurückbilden.

Wenn bei den Venenbeschwerden Stechen, Brennen, Juckreiz und ein Schweregefühl in den Beinen auftreten, sollte folgende Saftmischung getrunken werden:

20 Karotten
2 Stangen Sellerie
5 Stangen Spargel
15 Mangoldblätter
10 Blätter Endiviensalat
1 Knoblauchzehe
1 kleine Zwiebel
100 g Rapunzelsalat

Dieser stark aromatische und angenehm scharf schmeckende Mischsaft sollte täglich mindestens in der Menge von dreimal 150 ml eingenommen werden. Nach zwei bis drei Wochen läßt das Brennen in den Beinen nach, das Schweregefühl vergeht und der Venentonus nimmt zu. Das Gefühl der Schwere und des Gestautseins läßt nach und die Beweglichkeit wird verbessert, da die Umgebung der Gelenke abschwillt. Auch hartnäckige Knöchelschwellungen können auf diese Weise innerhalb von drei bis vier Monaten ausheilen.

Wechseljahrbeschwerden

(Menopausensyndrom)

Die 47jährige Computerfachfrau war trotz ihres belastenden Berufes wegen ihrer Umgänglichkeit bei allen Kollegen beliebt. Doch plötzlich änderte sich ihr Verhalten. Sie wurde zunehmend launenhaft und reizbar. Einmal brach sie sogar in unkontrollierte Wut aus. Die Frau war sich dessen und ihrer Wirkung auf die Mitarbeiter durchaus bewußt, aber so sehr sie sich auch bemühte, sie kam gegen die innere Unruhe nicht an, die von Schweißausbrüchen, Hitzewallungen und Zittern begleitet wurde. Zunächst glaubte sie, an einer verschleppten Grippe zu leiden. Doch als der Eisprung über drei Monate ausblieb, wußte sie, daß sie in die Wechseljahre gekommen war.
Die Menopause setzt allgemein zwischen dem 45. und 50. Lebensjahr ein. Im Laufe der Zeit hört schließlich die Eireifung völlig auf, und die weiblichen Keimdrüsen verlangsamen die Hormonproduktion, die jedoch nie ganz abbricht. Der Abfall der Östrogene wird für viele Beschwerden des Klimateriums verantwortlich gemacht, zu denen neben den genannten auch Blutdruckschwankungen, Durchblutungsstörungen, Appetitzunahme bis zum Heißhunger hinzukommen können.
All diese Symptome können auch bei Männern auftreten, jedoch erfolgt bei den Herren der Schöpfung die Umstellung auf eine verminderte Hormonproduktion langsamer, so daß sich die Beschwerden über einen längeren Zeitraum erstrecken. Somit wird der Mann mit der hormonellen Umstellung nicht innerhalb von Wochen oder Monaten, sondern über ein Jahrzehnt konfrontiert.
Viele pflanzliche Säfte oder Gemüsekombinationen können einen Großteil der Wechseljahrbeschwerden wenn schon nicht ganz beseitigen, so doch einigermaßen dämpfen, abschwächen

und zum großen Teil eliminieren. Bei Beschwerden in den Wechseljahren muß darauf geachtet werden, daß alle Erkrankungen, die vorher durch die Östrogenproduktion verhindert wurden, nachträglich auftreten können. So sind die Frauen bis zur Menopause vor Herzinfarkten, Zuckerkrankheit und Hirnschlag geschützt. Nach den Wechseljahren aber machen sich alle Risikofaktoren, die diese Krankheiten auslösen können, besonders bemerkbar. Durch eine gesunde Ernährung können jedoch 90 Prozent aller Wechseljahrbeschwerden günstig beeinflußt werden.

Wenn ein <u>Mangel an Bioflavonoiden</u> besteht, sollte folgende Saftmischung getrunken werden:

1 Pomelo
1 Blutorange
100 g schwarze Johannisbeeren

Dieser Mischsaft sollte vor den Mahlzeiten eingenommen werden, mindestens dreimal täglich 50 ml. Er ist sehr reich an Bioflavonoiden, Spurenelementen, Vitaminen, Betacarotin, Magnesium, Mangan, Molybdän und Selen.

Wurde ein <u>Vitamin-E-Mangel</u> festgestellt, kann dieser Saft helfen:

10 Spinatblätter
5 Mangoldblätter
2 Stangen Spargel
100 g Brunnenkresse

Diese Mischung ist reich an Vitamin E, außerdem kommen darin genügend pflanzliche Vitamine vor, um den Körper vor Reizbarkeit, Hitzewallungen und Schweißausbrüchen zu schützen.

Kommt es in den Wechseljahren zu <u>starken Schweißausbrü-</u><u>chen</u>, empfiehlt es sich, folgende Saftmischung zu trinken:

3 Kohlblätter
1 Bund Petersilie
2 Stangen Sellerie
10 Karotten
2 Broccoliröschen
1 Okra
1 Knoblauchzehe

Dieser Saft reguliert den Natrium-Kalium-Haushalt. Das Verhältnis Natrium zu Kalium wird ausgeglichen, so daß der Körper kein Bedürfnis mehr verspürt, übermäßig Schweiß zu produzieren. Außerdem wird der Körper entgiftet. Mit der Entgiftung entfällt auch eine krankhafte Schweißproduktion, da sie überflüssig wird. Die körperliche Leistungsfähigkeit steigert sich, und die oft grundlos auftretende Müdigkeit ist leichter in den Griff zu bekommen.

Stehen neben <u>Heißhunger</u> hauptsächlich <u>Zittern und innere Un-</u><u>ruhe</u> im Vordergrund, empfiehlt es sich, diese Saftmischung einzunehmen:

2 Tomaten
15 Karotten
2 Knoblauchzehen
2 Broccoliröschen
2 cm Ingwerwurzel

Diese Mixtur sollte in einer etwas größeren Menge getrunken werden, ideal sind dreimal 150 ml jeweils vor den Mahlzeiten. Dadurch wird der übermäßige Hunger schnell gestillt. Es kommt während der Wechseljahre zu keiner Gewichtszunahme, denn dieser Saft reguliert das Hunger- bzw. das Sättigungszentrum im Körper. Außerdem vergeht durch eine vollwertige Ernährung, wie es z. B. bei Gemüse- und Obstsäften der Fall ist, eine krankhafte Gier nach wertloser Nahrung, die aus Kalorien statt aus Nährstoffen besteht.

Bei <u>psychischer Labilität</u> mit <u>Depressionen und Stimmungs-</u><u>schwankungen</u> kann dieser Saft helfen:

2 Pomelos
100 g Sanddornfrüchte
1 Sapote
1 Stück Nangka (Jackfrucht)
5 Acerolakirschen
2 Coconafrüchte
2 Maracujas

Von diesem Fruchtmischsaft sollten mindestens dreimal täglich 100 ml vor den Mahlzeiten getrunken werden, um eine optimale Wirkung zu erzielen. Innerhalb von zwei bis drei Wochen bessern sich die Unruhezustände, auch die Stimmungsschwankungen nehmen nach etwa drei bis vier Wochen ab. Mit einer Heilung dieser Beschwerden ist aber erst nach zwei bis drei Monaten zu rechnen. Je nach Schweregrad sollte diese Saftmischung mindestens ein halbes Jahr lang eingenommen werden. Nach einem halben Jahr kann die Trinkmenge auf dreimal 50 ml verringert werden, ohne daß die Wirksamkeit nachläßt.

Während der Wechseljahre sollte auch ein Facharzt zu Rate gezogen werden, denn in dieser Zeit ist das Selbstwertgefühl der Frau extrem tief, da durch die verringerte Hormonproduktion und das Ausbleiben der Regel Zweifel an der fraulichen Identität auftreten können.
Während der Menopause kommt es auch zu anderen körperlichen Veränderungen. Die ersten tiefen Falten zeigen sich, die physische Spannkraft läßt nach, die körperliche Leistungsfähigkeit wird reduziert, die geistige Aufmerksamkeit und Konzen-

trationsfähigkeit sinken auf einen Tiefpunkt ab, das Gewebe der Brust wird schlaff, die Bauchdecke verliert ihre Spannkraft. Das Nachlassen der Bindegewebsstruktur läßt Krampfadern entstehen, das Unterhautfettgewebe schwindet, so daß der Körper die ersten Anzeichen des Alters zu spüren bekommt.

Hier eine Saftmischung bei schwachem Bindegewebe und Faltenbildung während der Wechseljahre:

1 Pomelo
1 Honigmelone
1 Papaya
2 Pitangafrüchte
2 Batakapflaumen

Davon dreimal täglich 100 ml trinken. Innerhalb von zwei bis drei Wochen wird das Bindegewebe straffer, die Haut sieht jugendlicher aus, beginnende Krampfadern bilden sich zurück und das Bindegewebe der Brust wird gekräftigt.

Beziehen sich die Beschwerden auch auf Arbeitsunlust, Stimmungsschwankungen, Antriebslosigkeit und Reizbarkeit, ist diese Saftmischung anzuraten:

2 cm Ingwerwurzel
2 Blutorangen
1 Gravensteiner Apfel
2 Sawofrüchte

Diese Mischung sollte vor den Mahlzeiten in einer Mindestmenge von dreimal 50 ml täglich getrunken werden. Bereits in zwei bis drei Wochen stellt sich eine Besserung ein, die Wechseljahrbeschwerden verringern sich dann innerhalb der vierten oder fünften Woche deutlich. Auch nach dem Nachlassen der Beschwerden sollte dieser Saft noch drei bis vier Wochen weitergetrunken werden, um einen Rückfall zu vermeiden.

Wenn im Klimakterium die <u>Sexualität verringert</u> und die Vaginalsekretion unzureichend ist, sollte folgender Mischsaft getrunken werden:

2 Kaktusfeigen
1 Papaya
2 Tamarillos
2 Blutorangen
2 Kiwis
2 Boskopäpfel
2 Pepinofrüchte
3 Acerolakirschen
3 cm Ingwerwurzel

Diese wohlschmeckende Saftmischung regt die Drüsensekretion an, es wird mehr Östrogen produziert, auch die Speichel-, Magensaft- und Vaginalsekretproduktion nehmen zu, der Antrieb wird intensiviert, die Lebensfreude steigt, und als Ausdruck der Lebensfreude nimmt auch die Sexualität zu. Leichte Depressionen im Anfangsstadium können durch diesen Mischsaft günstig beeinflußt werden. Die empfohlene Menge beträgt dreimal 100 ml täglich. Dadurch kann innerhalb von fünf bis sechs Wochen ein optimaler Effekt erzielt werden. Von vielen Frauen wird diese Saftmischung jedoch ein bis zwei Jahre lang konsumiert, um ein Nachlassen der körperlichen Spannkraft zu vermeiden.

Spielen psychische Faktoren eine Rolle und lassen das Gedächtnis sowie die Konzentration nach, sollte folgende Früchtemischung getrunken werden:

2 Maracujas
100 g Brombeeren
1 Blutorange
3 cm Ingwerwurzel
1 Sapodillafrucht
2 Litchis
1 Grapefruit
1 Honigmelone
1 Kumquat

Vor den Mahlzeiten mindestens dreimal 100 ml täglich einnehmen. Die Saftmischung enthält alle Vitamine, Spurenelemente
und Enzyme, die notwendig sind, um Gedächtnisfunktionen
optimal ablaufen zu lassen. Auch die Engrammbildung, d. h. die
Vernetzung und Verankerung von Gedächtnisinhalten in ein
bestehendes System, wird gefördert. Je nach Schweregrad der
wechseljahrbedingten Gedächtnisausfälle und Konzentrationsstörungen sollte diese Mischung mindestens drei bis fünf Monate, am besten noch länger eingenommen werden.

Treten körperliche Verfallserscheinungen auf, wie z. B. starke Faltenbildung, Haarausfall, schlaffes Brustgewebe, schwaches Bindegewebe an Bauch und Gesäß, wenn Krampfadern sichtbar hervortreten, wenn die Knöchel geschwollen sind und eine allgemeine Müdigkeit und Mattigkeit besteht, sollte folgende Saftmischung getrunken werden:

2 cm Ingwerwurzel
2 Blutorangen
2 Boskopäpfel
1 Papaya
1 Lucumafrucht
2 Sternäpfel
2 Kitembillafrüchte

Diese Saftkombination enthält alle Spurenelemente, Mineralstoffe und Mikronährstoffe, die der Körper braucht, um seine jugendliche Frische auch über die Wechseljahre hinaus zu bewahren. Der Mineralstoffreichtum verhindert einen vorzeitigen Haarausfall, durch die Spurenelemente wird der Faltenbildung der Haut vorgebeugt. Da diese Saftmischung langsam, aber auf natürliche Weise hilft, ist mit einer langen Anwendungsdauer zu rechnen. Je nach Schweregrad der Beschwerden sind dreimal 50 ml bis zu 250 ml einzunehmen. Bereits nach zwei- bis dreiwöchiger Anwendungsdauer wird die Haut straff und besser durchblutet, die neuen Haarwurzeln sind gefestigt, das Haar erhält seinen ursprünglichen Glanz und die Haut ihr jugendliches Aussehen zurück.

Zusätzlich wird der Bewegungsablauf verbessert, die Bewegungen werden jugendlich elastisch, der Gang federnd und das Bindegewebe wird so straff, daß sich Krampfadern bis zu einem bestimmten Ausmaß wieder zurückbilden können. Auch das Unterhautbindegewebe der Brust wird besser durchblutet, wodurch ein deutlicher Verjüngungseffekt eintritt.

Zahnfleischentzündungen

Sie sind fast schon zu einer Modekrankheit geworden. Und dennoch zuckt jeder Patient zurück, wenn er erfährt, daß er an einer akuten Zahnfleischentzündung leidet. Die Folgen nämlich sind selbst dem Laien klar: Bleibt diese Entzündung unbeachtet, führt sie unweigerlich zum Verlust von etlichen Zähnen.

Meist kommt es durch einen dicken Zahnbelag zu einer Entzündung des umgebenden Zahnfleisches. Das Zahnfleisch schwillt durch sich vermehrende Bakterien an, dabei wird der Zahnhalteapparat gelockert. Die Entzündung kann bis zum Knochen vordringen. In erster Linie ist für diese Erkrankung eine falsche Ernährung verantwortlich. Zuviel Süßigkeiten, zuviel Alkohol, auch Rauchen kann nach einigen Jahren zur Parodontose und schließlich zum Zahnverlust führen. Raucher verlieren ihre Zähne oft schon 15 Jahre vor dem durchschnittlichen Zahnverlustalter von Nichtrauchern.

Bei Zahnfleischentzündungen sind folgende Saftmischungen empfehlenswert

8 Kohlblätter, am besten Grünkohl
3 Okraschoten
1 Kohlrabi

Von dieser Saftkombination trinkt man dreimal täglich 150 ml vor den Mahlzeiten. Diese Mischung ist besonders reich an Betacarotin, Zink, Bioflavonoiden und Spurenelementen.

Um das Zahnfleisch mit genügend Bioflavonoiden zu versorgen, ist folgende Saftmischung geeignet:

3 Kohlblätter
3 Tomaten
1 Knoblauchzehe
1 Okra
2 Golden-Delicious-Äpfel
3 Karotten

Dieser Mischsaft fördert die Durchblutung des Zahnfleisches. Er ist reich an Bioflavonoiden, die leicht verwertet werden können. Auch sein Ascorbinsäuregehalt ist ausreichend, um die Mundschleimhaut mit genügend Vitamin C zu versorgen.

Bei Folsäuremangel sollte folgende Mischung getrunken werden:

10 Spinatblätter
10 Mangoldblätter
5 Krautblätter (Grün- oder Weißkohl)
5 Karotten
10 Rote-Bete-Blätter

Diese Saftmischung kann einen Mangel an Folsäure innerhalb von drei Wochen ausgleichen. Täglich sollten dreimal 50 ml eingenommen werden. Dadurch wird das Zahnfleisch gefestigt, die Wangenschleimhaut besser durchblutet und einer Parodontose vorgebeugt.

Wenn das Zahnfleisch leicht blutet und eine beginnende Parodontose besteht, ist diese Mixtur anzuraten:

3 cm Ingwerwurzel
2 Golden-Delicious-Äpfel
1 Ananas

Dreimal täglich mindestens 250 ml konsumieren, um Zahnfleischentzündungen ausheilen zu können. Je nach Schweregrad der Entzündung sollte diese Saftmischung ein halbes bis dreiviertel Jahr lang eingenommen werden. Dadurch wird das Zahnfleisch gefestigt und die Blutungen hören auf. Auch einer leichten Neigung zur Osteoporose kann vorgebeugt werden, indem dieser Saft regelmäßig getrunken wird.

Kommt es bei einer Zahnfleischentzündung zu Zungenbrennen, ist folgende Saftmischung hilfreich:

3 cm Ingwerwurzel
20 Karotten
15 Kohlblätter
2 Tomaten

Diese Mischung versorgt den Körper mit pflanzlichen Enzymen, Mineralstoffen und Vitaminen. Auch Bioflavonoide sind in ausreichender Menge vorhanden. Die tägliche Trinkmenge beträgt dreimal 250 ml. Nach etwa drei bis vier Monaten ist mit einer Besserung der Beschwerden zu rechnen. Die Durchblutung der Mundschleimhaut und des Zahnfleisches wird aktiviert. Sollte die Zahnfleischentzündung nicht rechtzeitig zu beheben sein, ist eine Blutbilduntersuchung erforderlich. Auch das Immunsystem sollte überprüft werden, um eine Immunschwäche rechtzeitig ausgleichen zu können.

Treten bei einer Zahnfleischentzündung ziehende Schmerzen auf, wobei der Zahnhalteapparat bereits angegriffen ist und sich die ersten Zähne schon gelockert haben, kann folgende Saftmischung empfohlen werden:

3 Krautblätter (Weißkohl)
50 g Petersilie
2 Okraschoten
15 Karotten
1 Knoblauchzehe

Diese Mischung strafft das Zahnfleisch, die Entzündungen der Wangenschleimhaut gehen zurück, das Bakterienwachstum in den Zahntaschen wird verringert, die Widerstandsfähigkeit des Körpers gegenüber Bakterien, Viren und anderen Krankheitserregern gestärkt. Von diesem Auszug sind täglich jeweils dreimal 150 ml vor den Mahlzeiten einzunehmen.

Ist die Zahnfleischentzündung stark ausgeprägt und gleichzeitig ein metallischer Geschmack im Mund zu spüren, verspricht diese Mischung Hilfe:

3 cm Ingwerwurzel
15 Karotten
2 Boskopäpfel
10 Brombeeren

Davon dreimal täglich jeweils 200 ml vor den Mahlzeiten trinken. Diese Mischung hat eine stark entzündungshemmende Wirkung, außerdem wird der Körper mit pflanzlichen Enzymen versorgt, die für ein gesundes Zahnfleisch unentbehrlich sind. Um einen Rückfall zu vermeiden, ist diese Mixtur mindestens ein halbes Jahr lang anzuwenden.

Zum Abschluß noch einige spezielle Rezepte für Saftkuren gegen Frühjahrsmüdigkeit und zum Aufbau des Immunsystems. Diese Mischungen sind mindestens über eine Dauer von drei Wochen regelmäßig zu trinken.

Rezepte gegen Frühjahrsmüdigkeit

Rezept 1:

1 Pomelo
3 cm Ingwerwurzel
2 Sternäpfel
1 Kaktusfeige ohne Schale

Rezept 2:

2 Tamarillofrüchte
3 Stangen Sellerie
100 g Alfalfasprossen
2 Kumquats

Rezept 3:

3 cm Ingwer
1 Knoblauchzehe
2 Äpfel
1 Papaya

Rezept 4:

2 Grapefruits
3 Pulasanfrüchte
2 Kumquats

Rezepte zur Stärkung des Immunsystems

Rezept 1:

1 Honigmelone
1 Sapotefrucht
1 Knoblauchzehe
10 Mangoldblätter

Rezept 2:

10 Karotten
1 Apfel
2 Stangen Sellerie
2 Pomelos

Rezept 3:

3 Kohlblätter
1 rote Paprikaschote
5 Mangoldblätter
2 cm Ingwerwurzel

Rezept 4:

2 Acerolakirschen
100 g Stachelbeeren
5 Karotten
1 Apfel

Um etwas Abwechslung in diese spezielle Saftkur zu bringen, kann man nach einer Woche zu einem anderen Rezept übergehen.

Säfte für natürliche Schönheit

Cellulitis

Für viele Frauen ist sie ein Schreckgespenst der drastisch sichtbar gewordenen Alterung. Gemeint ist die Cellulitis, die praktisch nur Frauen betrifft. Das Krankheitsbild ist durch Unebenheiten im Unterhautbindegewebe und im Fettgewebe gekennzeichnet. Die Hautoberfläche ist teils vertieft, teils erhaben, und es machen sich Bindegewebszüge bemerkbar, die vor allem ein kosmetisches Problem darstellen.

Es ist eine sogenannte Orangenhaut entstanden. Die Haut fühlt sich dabei hart an, und im Unterhautfettgewebe sind Verhärtungen zu ertasten. Hauptsächlich ist die Cellulitis an der Außenseite der Oberschenkel zu beobachten. Auch in der Nähe der Hüftgelenke macht sich diese Fettverteilungsstörung bemerkbar. Je größer das Übergewicht, desto eher kommt es zu derartigen Gewebestörungen. Auch eine sitzende Tätigkeit mit Bewegungsmangel kann zu Cellulitis führen. Risikofaktoren sind: Fettstoffwechselstörungen, Schilddrüsenunterfunktion, Störungen der Leberfunktion, bei beginnender Fettleber kommt es auch meist zu Veränderungen im Unterhautbindegewebe, was ebenso bei einer Neigung zu Ödemen gilt.

Für eine verstärkt positive Wirkung von Ascorbinsäure sorgt folgende Saftmischung:

8 Kohlblätter
1 rote Paprikaschote
3 Mangoldblätter
2 Okraschoten

Durch diese wohlschmeckende Mixtur wird ein Mangel an Vitamin C ausgeglichen. Man nimmt davon mindestens dreimal 50 ml pro Tag ein.

Wenn ein Mangel an Bioflavonoiden Ursache der Cellulitis ist, sollte folgende Saftmischung getrunken werden:

2 Blutorangen
1 Grapefruit
1 Papaya mit den Kernen

Dieser Mischsaft versorgt den Körper im ausreichenden Maß mit Bioflavonoiden. Das verbessert die Durchblutung im Unterhautbindegewebe. Mindestens dreimal täglich 40 ml vor den Mahlzeiten einnehmen.

Besteht bei der Cellulitis ein Hang zu Verstopfung, ist diese Mischung zu empfehlen:

3 Golden-Delicious-Äpfel
1 Birne
1 Granatapfel

In diese Saftkombination rührt man jeweils einen Eßlöffel Guarkernmehl ein. Dreimal täglich 200 ml vor den Mahlzeiten einnehmen. Auf diese Weise kommt es zu einer Beseitigung der Obstipation und zu einer Verbesserung der Durchblutung im Unterhautbindegewebe.

Bestehen im Zusammenhang mit der Cellulitis <u>Niedergeschlagenheit, Depressionen</u> und <u>Minderwertigkeitsgefühle</u>, kann diese Saftmischung hilfreich sein:

1 Granatapfel
3 Maracujas
2 Blutorangen
1 Papaya mit den schwarzen Kernen
2 Sternäpfel
100 g Kapstachelbeeren

Dreimal 200 ml täglich trinken. Um einen dauerhaften Erfolg zu erreichen, muß mit einer Anwendungszeit von einem halben bis zu einem dreiviertel Jahr gerechnet werden. Innerhalb von zwei bis drei Monaten bessern sich die psychischen Begleiterscheinungen der Cellulitis. Nach weiteren drei bis vier Wochen sind die ersten Erfolge sichtbar. Die Haut an den Oberschenkeln wird straffer, die Unebenheiten verschwinden und die Durchblutung der Bindegewebsschichten unter der Haut wird verbessert.

Sind mit der Cellulitis <u>Verdauungsbeschwerden, Verstopfung, Blähungen</u> und <u>Völlegefühl</u> verbunden, sollte folgende Saftmischung eingenommen werden:

3 Broccoliröschen
2 Knoblauchzehen
15 Karotten
1 Tomate
1 Stange Sellerie
1 rote Paprikaschote

Man trinkt von dieser Mixtur dreimal täglich 150 ml vor den Mahlzeiten. Dadurch werden die Leberfunktionen aktiviert. Das Völlegefühl hört auf. Das Spannungsgefühl unter der Haut läßt nach, pathologische Laborbefunde bessern sich. Nach etwa drei bis vier Wochen Anwendungsdauer ist die Haut glatter, weicher, geschmeidiger und die lästigen subkutanen Fettablagerungen bilden sich zurück.

Wenn mit der Cellulitis die <u>Leberfunktionsproben an der Grenze zum pathologischen Bereich</u> liegen, sollte folgende Mischung getrunken werden:

15 Karotten
1 rote Bete
3 Golden-Delicious-Äpfel
1 Knoblauchzehe
1 Okra
1 cm Ingwerwurzel

Diese Saftmischung ist in einer Menge von dreimal 100 ml vor den Mahlzeiten zu trinken. Die Leberfunktionen bessern sich langsam. Das Völlegefühl geht zurück. Die Verdauungssäfte werden aktiviert. Die Magen-Darm-Passage wird verkürzt und die Störungen im Unterhautbindegewebe gehen nach und nach zurück. Auch die Unebenheiten an der Hautoberfläche verschwinden allmählich. Bei einer Anwendungsdauer von einem dreiviertel bis einem Jahr wird durch den Gehalt an pflanzlichen Enzymen, Mineralstoffen und Spurenelementen die Haut glatt, geschmeidig und frei von häßlichen Fettablagerungen im Unterhautbindegewebe. Dadurch bessern sich auch psychische Symptome, denn jede unschöne Hautveränderung belastet das Selbstvertrauen, die Selbstsicherheit und die Stimmung.

Haare

Haare sind schon seit alters her ein Symbol für Stärke und Freiheit, der heldenhafte Prinz in der Märchenwelt trägt lange blonde Haare. Siegfried kennt man nur mit einer lockigen Haarmähne, und Samson verlor seine Unbezwingbarkeit, als ihm seine Geliebte Delila die Haare abschnitt. Ob lang oder kurz – gepflegtes Haar macht den Grad einer Persönlichkeit aus, und es war schon zu allen Zeiten neben dem Signal für Stärke und Freiheit ein Sexsymbol. Wer denkt bei Marylin Monroe nicht auch an ihr verführerisches Blond?

Dabei sind die Haare neben Fingernägeln und Hornhaut der unempfindlichste Teil des Körpers. Oft noch robuster sind allerdings die Mittel, die sie auf Schönheit trimmen sollen, von der Dauerwelle bis zur aggressiven Haarfärbung. Es ist erstaunlich, daß sie bei all diesen Gewaltaktionen noch feinfühlig reagieren können. Selbst das geschundenste Haar kann zum Beispiel bei Angst zu Berge stehen, und wir bekommen eine Gänsehaut.

Haare werden auch als eine Art Richtskala für das Temperament eines Menschen angesehen. Rothaarigen sagt man nach, daß sie leichter in Rage geraten können als andere, daß sie zum Jähzorn neigen. Bei Schwarzhaarigen wird tiefe Leidenschaft vermutet und oft auch gefunden. Einem Vorurteil jedoch wurde gründlich der Garaus gemacht: Blondchen sind eben keine Dummchen!

Und wie sieht es mit der männlichen Glatze aus? Sie gilt vielen Frauen ebenso wie ein wilder Haarschopf als Zeichen purer Männlichkeit. Der Kahlkopf hat es nämlich durchaus in sich. Er verrät, daß der betreffende ein Übermaß eines bestimmten männlichen Hormons produziert, das zwar das Haupt kahl werden läßt, aber im Gegensatz dazu den Bartwuchs fördert.

Neben all diesen Signalen kann das Haar eine ganze Menge über vielleicht sonst verdeckte Krankheiten verraten. So tritt bei chronischer Unterernährung eine fahlrötliche Verfärbung der

Haare auf. Andere Veränderungen enttarnen zum Beispiel Störungen im Hormonhaushalt oder Organkrankheiten. Mit anderen Worten: schönes, gepflegtes Haar ist ein Spiegelbild der Gesundheit. Um müde gewordenem Haar wieder auf die Sprünge zu helfen, können Obstsäfte ein wahrer Heiltrunk sein.

Mixturen, die speziell zur Stärkung des Haares und der Haarwurzeln dienen

Rezept 1:

3 Äpfel
2 Karotten
2 cm Ingwerwurzel
1 Bund Petersilie

Rezept 2:

10 Blätter Grünkohl
2 rote Bete
1 Knoblauchzehe
3 Karotten

Rezept 3:

1 Apfel
2 Karotten
1 grüne Paprikaschote
1 Kohlrabi

Rezept 4:

1 Grapefruit
2 Karotten
3 cm Ingwerwurzel
1 Honigmelone

Haut

Sie ist das größte und spezialisierteste Organ des Körpers – die Haut. Mit einer durchschnittlichen Fläche von zwei Quadratmetern umgibt sie den Menschen wie ein schützender Lederanzug, der die erstaunlichsten und widersprüchlichsten Eigenschaften hat. Man denke nur an die Fußsohlen: die sich dort bildende Hornhaut ermöglicht es Fakiren und mental trainierten Durchschnittsmenschen, barfuß über glühende Kohlen zu gehen. Zugleich sind gerade die Fußsohlen so hoch sensibel, daß sie auf die leichteste Berührung reagieren und dabei einen starken Lachreiz hervorrufen können. Ähnlich feinfühlig ist die Haut der Fingerspitzen. Der Tastsinn ist einer der ausgeprägtesten Sinne überhaupt. Mit seiner Hilfe können sogar Blinde wieder lesen. Bei all den vielen verblüffenden Eigenschaften der Haut ist sie auch noch unverwechselbar, zumindest was die Struktur ihrer Poren betrifft. Der Fingerabdruck ist nach wie vor aus der kriminalistischen Ermittlungsarbeit nicht wegzudenken, trotz des neueren sogenannten Genabdrucks. Denn die Porenzeichnung bei jedem Menschen ist absolut einmalig, es gibt weltweit keinen zweiten Menschen, der einen gleichen Fingerabdruck hat.

Daneben hat dieses bis zu fünf Kilogramm schwere Organ eine wahrhafte Berserkerarbeit zu leisten: an erster Stelle wirkt es als Schutzschirm. Es schützt die übrigen Organe und Gewebe gegen mechanische, chemische und Strahlungseinwirkungen, wehrt Krankheitserreger ab und regelt den Wasser- und Temperaturhaushalt.

Bei diesen und vielen anderen phantastischen Leistungen und Eigenschaften der Haut mutet es grotesk an, wie oft sie gleichgültig oder gar falsch behandelt wird. Zwar herrscht bei den Dermatologen die Ansicht vor, daß der Mensch heute hautbewußter geworden ist. Doch dieses Bild hängt schief. Was ist zum Beispiel von der jungen Frau zu halten, die sich sorgfältig mit Körpercremes pflegt und beim Küchenputz hautschonende Mittel benutzt, wenn sich dieselbe junge Frau im Urlaub rigoros einer Überdosis von Sonnenstrahlen aussetzt? Verdrehte Welt, verdrehte Schönheit! Bei der Lust an dem Schönheitszeichen Bräune wird nur zu leicht vergessen, daß die Haut eine Überreizung nie verzeiht. Da hält sie es mit dem Gedächtnis der Dickhäuter. Die Quittung wird prompt präsentiert, die Haut altert vorzeitig, zeigt scharfe Falten und Runzeln. Im schlimmsten Fall kann sich ein Melanom bilden, eine der gefährlichsten Krebserkrankungen überhaupt.

Es gilt also, die schützende Haut zu schützen, und zwar nicht nur, weil sie ein Kennzeichen der Schönheit ist. Eine makellose Haut ist nicht nur schön, sie ist auch so etwas wie ein Gesundheitspaß. Eine unreine, schadhafte Haut wird als unschön bis abstoßend empfunden. Von ihr geht etwas Ungesundes aus, das zur Oberfläche durchgebrochen ist.

Was sich uns im Idealfall als samtene Haut zeigt, ist dennoch nur eine Oberschicht, die aus abgestorbenen, harten Zellen besteht. Das wahre Leben der Haut spielt sich darunter ab. Nur in diesem Bereich kann der Haut wirklich geholfen werden. Dabei kommt Obst- und Gemüsesäften eine ganz besondere Bedeutung zu.

Folgende Saftmischungen straffen die Haut und glätten Falten

Rezept 1:

300 g Karotten
200 g Spargel
150 g frische Spinatblätter
100 g Äpfel

Rezept 2:

100 g Spargel
3 Stangen Sellerie
150 g Petersilie
1 Papaya

Rezept 3:

3 rote Bete
1 grüne Paprikaschote
2 Äpfel
200 g Spinat

Rezept 4:

5 Karotten
1 Honigmelone
10 Kohlblätter
100 g Mangold
1 Grapefruit

Brust

Sie ist das erregendste erotische Merkmal überhaupt – die weibliche Brust. Dichter haben sie besungen, Maler haben sie im Licht der Kunst erscheinen lassen, und die Bildhauer der Antike verewigten sie in vollendeter Anmut. Die Brust ist der Körperteil der Frau, der die meisten Blicke auf sich zieht. Frauen mit üppigen Oberweiten tummeln sich nicht nur auf den Gemälden eines Rubens zur Freude der Betrachter. Sie prangen auch in zahllosen Spinden noch zahlloserer Soldaten überall in der Welt.

Mit den GI's kamen die Pin-up-Girls nach Europa. Zu allen Zeiten hat der Busen die Gedanken der Männerwelt bewegt. Er wurde und wird geliebt, vergöttert und verteufelt, zu einem Zeichen hingebungsvoller Liebe ebenso wie zum nackten Sexsymbol, das manchmal fetischistische Ausmaße erreicht.

Und die Frau selber? Zahlreiche psychologische Untersuchungen zeigen, daß auch die Frau die Brust als den weiblichsten Körperteil empfindet, der wichtig für ihr Selbstbewußtsein und ihr Schönheitsempfinden ist. Wie unsensibel nimmt sich dagegen die Wissenschaft aus, die von einem paarig angelegten Organ spricht, das lediglich ein Gebilde aus Milchdrüsen, Binde- und Fettgewebe ist. Wen wundert es bei dieser sachlichen Betrachtungsweise, daß ein Heer von Chirurgen bei Brustkrebs rigoros mit dem Messer vorging. Heute ist man da etwas zurückhaltender geworden. Die Brust ist eben nicht nur ein Milchproduktionsbetrieb für den Säugling, sondern auch ein erotisches Lockmittel. Sie fordert die Fortpflanzung des Menschen heraus. Eine Frau, die auch nur eine ihrer Brüste einbüßen mußte, empfindet sich nur mehr als halbe Frau, als minderwertig.

Bleiben wir bei dem erotischen Lockmittel. Die Frau mißt dem selbst große Bedeutung zu. So weit, daß mindestens jede zweite Frau mit ihrer Brust nicht ganz zufrieden ist. Am kritischsten betrachten ihre Brüste die über 25jährigen. Viele halten ihre Brust für zu klein, zu groß oder klagen über Hängebrüste. Um diesen oft nur vermeintlichen Fehler zu beseitigen, scheuen viele Frauen nicht den Weg zum Schönheitschirurgen. Selbst umstrittene Implantate schrecken sie nicht ab. Einen völlig ungefährlichen und dazu noch gesunden Weg beschreibt dieses Buch mit vielen Saftmischungen, die jede Brust wieder in Form bringen können.

Die folgenden Saftmischungen sind hervorragend geeignet, das Brustgewebe zu straffen und der Brust wieder eine natürliche, feste Form zu geben:

Rezept 1:

3 Kakifrüchte
2 Kaktusfeigen
1 Pampelmuse
100 g Kapuzinerkresse

Rezept 2:

100 g Brunnenkresse
1 Bund Petersilie
3 Grünkohlblätter
2 Kakifrüchte

Rezept 3:

5 Karotten
1 Kaktusfeige
100 g Kresse
1 rote Paprikaschote

Rezept 4:

2 Pampelmusen
1 Stange Sellerie
2 Boskopäpfel
1 Blutorange

Fingernägel

Wer seine Fingernägel pflegt, signalisiert eine positive Einstellung zur Körperkultur. Gepflegte Fingernägel sind eine Sympathiekundgebung gegenüber den Mitmenschen und für sich selbst. Wer hätte das schneller ausnutzen können als die Werbung? Ein Produkt, das von einer sorgfältig manikürten Hand, zum Beispiel in einem Werbefilm, angeboten wird, gewinnt automatisch an Seriosität. Ganz gleich, ob das nun stimmt oder nicht. Pflege wird hier assoziiert mit Ordnung, Verläßlichkeit und Sicherheit: Diese Hand kann keinen »Schrott« anbieten. Genau das Gegenteil bewirken ungepflegte und womöglich auch noch unsaubere Fingernägel. Sie können wie schlechter Atem zum »Liebestöter« werden.

Dennoch können Fingernägel von vornherein jegliche Pflegebemühungen zunichte machen. Nämlich dann, wenn sie wie ein Seismograph auf Krankheiten reagieren, besonders in Fällen, in denen eine Erkrankung bislang unentdeckt blieb. Fingernägel sind nicht nur ein Kraftsymbol, sondern auch ein unbestechliches Gesundheitsbarometer. Gesunde Fingernägel sind glatt, kräftig und ohne jegliche Verfärbung. Jede Abweichung von diesem Normalzustand kann ein Hinweis auf einen Mangel an Vitaminen oder Mineralstoffen sein und schließlich eine Krankheit dokumentieren.

Folgende Saftmischungen können den <u>Fingernägeln zu neuer Kraft und schönem Glanz</u> verhelfen, wenn nicht eine ernsthafte Erkrankung zugrunde liegt:

Rezept 1:

2 grüne Paprikaschoten
3 Broccoliröschen
50 g Petersilie
50 g Kapuzinerkresse

Rezept 2:

15 Karotten
3 Kohlblätter
1 Bund Petersilie
1 Knoblauchzehe

Rezept 3:

2 Broccoliröschen
1 kleine Zwiebel
100 g Brunnenkresse
1 Gravensteiner Apfel

Rezept 4:

1 Honigmelone
2 Kiwis
100 g Erdbeeren
1 Blutorange

Eine kurze Saftpause

Von der Vitaminbombe bis zum Genießer-Drink

Zum Ausklang eine kleine fruchtige Entdeckung: In der Nähe des Münchner Viktualienmarktes in der Westenrieder Straße hat *Sama Sama*, ein Spezialgeschäft für tropische Früchte, exotische Rezepte zusammengestellt. Und die Kunden können es gleich ausprobieren:

Weizengrassaft

Dieser besondere Saft stärkt das Immunsystem, leitet radioaktive sowie andere Strahlenbelastungen ab, baut Kohlenmonoxyd und Schwermetalle ab. Das Wundergras hilft bei Allergien und entgiftet den Körper, erneuert Blut und Zellen, unterstützt die Funktion der Bauchspeicheldrüse, ergänzt natürliche Vitamine, Enzyme und Mineralstoffe. Weizengrassaft enthält von allen Grünpflanzen den höchsten Anteil an Chlorophyll. 100 g Weizengras entsprechen dem Wert von 2 kg frischem Gemüse.

30 ml Weizengrassaft, frisch gepreßt
0,2 l frischer Apfelsaft

Diese Mischung wird mit einem Glas Wasser und einer halben Zitrone auf nüchternen Magen getrunken. Dabei kann es zu einer leichten Übelkeit kommen. Das ist ganz normal und zeigt den sofortigen Reinigungsprozeß im Körper an.

Tip: Sie können das Weizengras zwar aus Weizenkörnern in 8–12 Tagen selber ziehen (z. B. in einem Keimgerät aus dem Reformhaus), jedoch können Sie den Saft nicht im normalen Entsafter gewinnen – der würde streiken. Man kann das Gras durch einen Fleischwolf (feine Scheibe) drehen und den Saft dann durch ein Sieb drücken.

Rettichsaft

1/2 schwarzer Rettich
2 Eiszapfen (weißer, länglicher kleiner Rettich)
3 Radieschen

Mit dem Saft eines süßen Apfels gut mischen. Die Mixtur hilft bei Erkältung, Husten, unterstützt die Bronchien und reinigt die Leber.

Kräutersaft als Vitaminquelle

Je 1 Stiel Petersilie, Minze, Zitronenmelisse,
etwas Salbei, Ringelblume und Basilikum.

Das Ganze mit *2 Äpfeln* verfeinern.

Wassermelonensaft

1 Wassermelone
einige Halme Zitronengras (Sereh)

Diese Mischung ist ein idealer Schlankmacher, denn er läßt kein Hungergefühl aufkommen.

Kartoffel-Kürbis-Saft

½ rohe Kartoffel
250 g Hokkaido-Kürbis
½ Boskopapfel

Dieser Schlankmacher hilft auch bei Darmkrankheiten.

Vitaminbombe

½ Ananas
30 g frischer Ingwer
1 Guave

Dieser Vitamincocktail ist unter anderem besonders geeignet, eine Sommergrippe zu stoppen.

Fitmacher im Frühling

50 g rote Bete
50 g Sellerie
20 g Fenchel
3 Karotten
½ Apfel

Diese Saftmischung entschlackt den Körper und unterstützt das Immunsystem. Regelmäßig getrunken bietet er Schutz vor jeglichen Erkältungen.

Mango-Drink

1 Mango
0,4 l Orangensaft
½ Limone
2 Stiele Zitronenmelisse

Mango mit dem Orangen- und Limonensaft drei Minuten auf-
mixen, dann die Zitronenmelisse zufügen. Die Mango hat mehr
Vitamin C als Orangen und Zitronen und mehr Vitamin A als die
Karotte. Ein wohlschmeckender Fitneß-Drink!

Katersaft

150 g grüne Papaya
1 großer Apfel

Die Früchte in einer Küchenmaschine pressen (nicht mixen)
und möglichst frisch trinken. Diese Mischung bietet reichlich
Papain und Enzyme. Der Saft reinigt Darm und Leber und hilft
nach zu starkem Alkoholgenuß.

Genießer-Drink

40 g Avocado
0,2 l Ananassaft
1 Stiel Zitronengras (Sereh)

Die Mischung mixen und sofort servieren. Eine Köstlichkeit, die
auf der Zunge zergeht und dabei außerordentlich gesund ist.
Avocado hat den geringsten Wassergehalt aller Früchte, dafür
leicht verdauliche Fette. Vielleicht wird sie deshalb Alligatoren-
birne genannt.

Glossar

Acerolakirsche: Der zwei bis drei Meter hohe Acerolastrauch stammt aus Mittelamerika, wird aber heute auch in anderen tropischen und subtropischen Ländern angebaut. Keine Frucht der Welt hat einen so hohen Vitamin-C-Gehalt wie die Acerola. Er liegt zehn bis hundert mal höher als bei der Orange. Erhältlich in Geschäften für exotische Früchte. Acerolasaft gibt es in Reformhäusern.

Alfalfa: Amerikanische Bezeichnung für Luzerne. Eine in den Mittelmeerländern und auch in Deutschland angebaute Futterstaude mit langer Pfahlwurzel. Hier wird sie auch Hopfenluzerne, Gelb- oder Schneckenklee genannt. Ist das im Orient am häufigsten angebaute Futterkraut und – besonders frisch gekeimt – extrem vitaminhaltig.

Bataka: Eine aus Asien stammende Pflaumenart, die nur im Fachhandel erhältlich ist. Kann durch jede andere Pflaumenart ersetzt werden.

Cocona: Die Pflanze kommt aus dem Amazonastal und wurde nach dem Zweiten Weltkrieg in Peru kultiviert. Die ovalen roten oder gelben Früchte erinnern an Äpfel. Ihr Saft schmeckt mild süß-säuerlich. Peru bietet auf dem Weltmarkt den Saft und das Fruchtmark an. Frische Früchte sind nur im Fachhandel erhältlich.

Grapefruit: Eine Kreuzung aus Orange und Pampelmuse, die aromatisch bitter-süß schmeckt.

Guave: Ursprünglich aus Brasilien kommend ist die Guave heute in allen tropischen und subtropischen Ländern verbreitet. Auf den Fidschiinseln ist sie sogar zum Unkraut geworden. Die Guave ist gelb bis orangefarben und hat eine apfelähnliche Form; ihr Geschmack ist aromatisch-süß. Frische Früchte werden bei uns selten angeboten, da sie schnell verderben.

Hokkaido-Kürbis: Ein sehr schmackhafter kleiner japanischer Kürbis mit dunkelorangefarbenem Fruchtfleisch. Auf deutschen Märkten und in gut sortierten Gemüsegeschäften erhältlich.

Ingwer: Knollige Wurzelstöcke einer in ganz Asien verbreiteten Staudenpflanze. Das eigentümlich scharf schmeckende Gewürz fördert die Verdauung. Frische Ingwerwurzeln sind auf großen Obst- und Gemüsemärkten, in gut sortierten Supermärkten und in Asiengeschäften erhältlich.

Kaki: Die Kaki ist in China, Korea und Japan beheimatet. Die besonders in Japan geschätzte tieforangefarbene Kaki gehört zu den am reichsten mit Provitamin A ausgestatteten Früchten. Eine Kaki kann bis zu 400 g wiegen. Die Früchte kommen im Dezember und Januar aus Italien auf die deutschen Märkte, vom März bis Juni aus Brasilien und im Oktober und November aus Israel.

Kaktusfeigen: Sie kommen ursprünglich aus Mexiko und Venezuela und sind über alle trockenen Gebiete der Welt verbreitet. Die wichtigsten Früchte sind die Opuntien, die in Europa und Nordafrika zum neuen Bestandteil der Flora wurden. Auf dem Markt wird meist die mexikanische Opuntie angeboten. Sie ist die schmackhafteste aller Kaktusfeigen. Das Fleisch der längsgeschnittenen Frucht kann mit Messer und Gabel vom Teller gegessen werden.

Kalmus: Würziges, aus Asien in Europa eingebürgertes Aronstabgewächs. Das ätherische Kalmusöl wird aus der Wurzel gewonnen. Wird im Fachhandel angeboten.

Kapstachelbeere: Diese auch *Physalis* genannte Frucht wurde bereits von den Inkas hochgeschätzt. Die Portugiesen bauten sie am Kap der Guten Hoffnung an, daher der Name, um dort ein Frischobst gegen Skorbut zur Verfügung zu haben. Die bei uns angebotenen Früchte werden ähnlich wie Bananen im unreifen Zustand meist aus Kenia importiert. Jede der roten, etwa kirschgroßen Beeren steckt in einem bastfarbenen »Lampion«.

Karfiol: Österreichische Bezeichnung für Blumenkohl.

Kitembilla: Diese Frucht hat ihren Ursprung in Indien und Sri Lanka und ist heute überall in den Tropen verbreitet. Die dunkelrote, samtig-pflaumige runde Kitembilla wird bis zu 2,5 cm groß. Sie hat einen säuerlichen bis sauren Geschmack und zahlreiche kleine, weiche Kerne. Sie wird in exotischen Obstabteilungen angeboten.

Kiwi: Von der aus China stammenden Frucht (Yang-tao, Chinesische Stachelbeere) gibt es vier verschiedene Sorten, die von sauer und bitter bis zu süß schmecken. Kiwis werden heute überall angeboten und halten sich monatelang im Kühlschrank. Die bei uns gehandelten Früchte kommen meist aus Neuseeland und haben ein Stachelbeeraroma, sind aber weniger herb. Kiwis enthalten sehr viel Vitamin C.

Kronsbeeren: Andere Bezeichnung für Preiselbeeren.

Kumquat: Diese aromatische Zitrusart wird auch Zwergorange oder -pomeranze genannt. Die ovale, pflaumengroße, würzige Frucht hat eine eßbare orangefarbene Schale. Die Kumquat heißt auch Nagami und ist in China und Japan beheimatet. Seit einiger Zeit werden auch runde Kumquats aus Brasilien angeboten. Die ovale Kumquat ist auf vielen Märkten und oft sogar im Supermarkt zu finden.

Litchi: Die Litchi stammt aus Südchina und gilt dort als die feinste Frucht. Ihr Fruchtfleisch ist durchscheinend weiß, die Haut schuppenartig, fast ziegelrot. Heute weltweit in den für den Anbau geeigneten Ländern verbreitet. Frischobstimporte kommen aus Kenia, Mozambique, Südafrika und Thailand. Sie sind von den deutschen Obstmärkten nicht mehr wegzudenken.

Loquat: Der aus China und Japan stammende, bis zu 7,5 Meter hohe immergrüne Baum wird neben den Herkunftsländern kommerziell auch in Kalifornien, Israel und Algerien kultiviert. Loquats heißen auch Japanische Mispel oder Brasilianische Aprikose und sind in den Subtropen das erste frische Obst. Die apfel- oder birnenähnlichen Früchte sind bis zu acht cm groß und haben eine gelb bis orangefarbene Schale und aprikosenfarbenes festes, saftiges und angenehm säuerliches Fruchtfleisch, das nach Apfel duftet und mehrere Kerne enthält. Loquats sind überall im Fachhandel erhältlich. Die beste japanische Sorte heißt Tanaka.

Lucuma: Sie ist die Nationalfrucht der Chilenen. Die dunkelolivgrünen Früchte ähneln in der Form großen Tomaten. Das Lucumafleisch hat einen nußartigen Geschmack mit leichtem Vanille- und Mango Akzent. Sie läßt sich nicht konservieren. Es bestünde die Möglichkeit, daß Dosen explodieren ... Lucuma wird meist als Marmelade angeboten, die aber sehr teuer ist. Frische Früchte gibt es relativ selten im Fachhandel.

Luzernensprossen: Siehe *Alfalfa*.

Mango: Es gibt ungefähr 30 Arten von grün bis rötlich, die dem tropischen Asien entstammen. Die Mango ist im Welthandel so bedeutend wie die Banane. Auf die europäischen Märkte gelangen nur die besten Sorten, besonders aus Kulturen in Florida, aber auch aus Brasilien oder Südostasien. Viele der in Asien an Straßenbäumen hängenden faserigen Früchte sind für uns ungenießbar, da sie einen starken Terpentingeschmack haben.

Maracuja: Diese gelbe Passionsfrucht hat ihren Ursprung in Südbrasilien und wurde dann über die Tropen und Subtropen in der ganzen Welt verbreitet. Eine purpurfarbene Art gibt es nur in Kolumbien. Die Schale ist bei fortgeschrittener Reife an vielen Stellen eingedrückt. Sie umhüllt eine orangegelbe, angenehm duftende Fruchtmasse voller kleiner schwarzer Samen. Der Geschmack ist süßsauer mit einem besonderen Aroma. Maracujas werden überall angeboten.

Meisterwurz: Ein Doldengewächs und Heilkraut.

Melanzane: Andere (italienische) Bezeichnung für Aubergine.

Moosbeere: Eine eher großfrüchtige Preiselbeerart, die vor allem in nördlichen Ländern, aber auch im Alpenvorland in Heide- und Moorgebieten wild wächst. Mit der *Cranberry* verwandt, auch als Schwedische Preiselbeere bezeichnet.

Nangka: Die indische *Jackfrucht* hat sich bis zu den Philippinen verbreitet. Sie ist neben dem Kürbis die größte Frucht der Welt und wird bis 90 cm lang und 50 kg schwer. Die hell- bis dunkelgelbe Schale weist viele kleine Pickel auf und ist sehr kräftig. Eßbar sind nur die gelben bis zartlilafarbenen paprikaförmigen Einzelfrüchte und der große Kern, der aber – ähnlich wie Maronen – gekocht werden muß. Auf den deutschen Märkten werden von September bis Dezember Nangkas aus Kenia und von Januar bis Juli aus Brasilien angeboten.

Okra: Zarte gelbgrüne Schotenart, die in Griechenland sehr beliebt und dort in Öl gedünstet fast schon ein Nationalgericht ist. Die Okra wird inzwischen auch rund ums Mittelmeer angebaut und auf gut sortierten deutschen Gemüsemärkten angeboten.

Pampelmuse: Größte aller Zitrusfrüchte mit dicker, wattiger Schale aus tropischen und subtropischen Gebieten, die es in vielen verschiedenen Formen gibt; wird bis zu 6 kg schwer. Ihr Fruchtfleisch ist grünlich gelb bis rötlich, der Geschmack tendiert von süßsauer bis leicht bitter und würzig. Reich an Vitamin A und C.

Papaya: Die Papaya kommt in vielen Sorten vor und stammt aus dem Gebiet zwischen Südamerika und Nicaragua. Sie wird inzwischen in Afrika und Asien angebaut und ist heute von den deutschen Märkten nicht mehr wegzudenken. Die Früchte können kegel-, birnenförmig oder melonenähnlich sein. Der beste Reifegrad: gelbe Haut; die Frucht muß auf Fingerdruck nachgeben. Die wichtigste Sorte im Welthandel heißt Solo. Papayas sind reich an Vitamin A, B und C und enthalten das eiweißspaltende Enzym Papain.

Passionsfrüchte: Sie kommen in mehr als 400 verschiedenen Arten vor, in den Farben gelblich, weinrot, violett bis dunkelbraun, die Schale glatt bis runzelig, die Form rund oder oval. Die Früchte der Passionsblume gedeihen in vielen tropischen und subtropischen Regionen, haben viele Kerne, die mitgegessen werden und ein Fruchtfleisch von süßsäuerlichem, aromatischem, intensivem Aroma (siehe auch *Maracuja*). Passionsfrüchte werden nicht nur im Fachhandel angeboten.

Physalis: Siehe *Kapstachelbeere*.

Pepino: Diese Melonenbirne wird von März bis Mai aus Neuseeland und Chile in die Bundesrepublik importiert. Sie wird als uralte indianische Pflanze bezeichnet. Pepinos haben eine hellcremefarbene, mit zarten lila Streifen versehene dünne Haut. Sie schmecken wie eine Mischung aus Birne und Melone, nur etwas fader. Am besten ißt man sie roh.

Pitanga: Die Pitanga, auch Surinamkirsche genannt, stammt aus Brasilien und ist heute in weiten Teilen der Tropen und Subtropen zu finden. Die Farbe der Früchte reicht von tiefem Schwarz bis zu einem hellen Rot, wobei die schwarze Pitanga am sauersten ist. Die Kirschen hängen einzeln oder in kleinen Trauben am Baum und sind achtfach gerippt; sie können roh gegessen werden. Bei uns sind sie in Fachgeschäften erhältlich.

Pomelo: Diese Kreuzung aus Pampelmuse und Grapefruit ist groß, eher birnenförmig und besitzt eine dicke, wattige Schale. Das Fruchtfleisch schmeckt angenehm säuerlich und ist sehr erfrischend. Die Pomelo wird oft aus Thailand importiert und ist bei uns relativ teuer.

Pulasan: Diese Frucht kommt aus Malaysia und wächst wild auf den Philippinen. Die Pulasan hat stachelige Haare und konische Höckerchen. Das Fleisch ist saftig und von süßem Geschmack. Die besten Früchte kommen aus Bogor in West-Java und werden in Deutschland in Fachgeschäften angeboten.

Sapote: Die Frucht stammt aus Mexiko (und heißt deshalb auch Mexikoapfel) oder der Karibik. Die wichtigsten Sorten sind die Große, Schwarze und Weiße Sapote. Auf unseren Märkten wird meist die Große Sapote angeboten, die aus den USA oder direkt aus Mexiko importiert wird. Die Frucht, der jede Säure fehlt, ist zunächst grün, später zimtfarben braun und besitzt weiches, cremiges, etwa aprikosenfarbenes Fruchtfleisch. Die Samenkerne werden vor dem Essen entfernt. Die Große Sapote wird auch Marmeladenfrucht oder Mamey genannt und hat nur einen großen Kern.

Sapodilla: Die Frucht kommt ursprünglich aus Amerika, wird aber ebenso in Asien angebaut. Im Deutschen wird sie auch Breiapfel genannt. Sie wird fast apfelgroß und hat in reifem Zustand eine hellbraune Schale. Ihr Fruchtfleisch ist orangefarben und schmeckt aprikosenartig süß, mit eher birnenähnlichem Aroma. Die Sapodilla wird in vielen tropischen Ländern kultiviert. Thailand bietet die Sapodillafrüchte das ganze Jahr über auf dem Weltmarkt an.

Sawo: Die sehr süße, dunkelorange leuchtende Frucht kommt aus Malaysia und Thailand. Mit dem zunehmenden Import asiatischer Früchte ist auch die Sawo auf gut sortierten Obstmärkten zu finden.

Sternapfel: Er hat die Größe eines kugelförmigen rötlich-violetten Apfels und stammt aus dem tropischen Amerika. Das Kernhaus zeigt im Durchmesser einen neunstrahligen Stern, daher auch der Name. Das Fruchtfleisch schmeckt angenehm süßlich, hat aber kein besonderes Aroma. Der Sternapfel hat mehr lokale Bedeutung und wird bei uns nur selten angeboten.

Tamarillo (Baumtomate): Runde bis spindelförmige Frucht eines Nachtschattengewächses mit bräunlich-roter Schale und geleeartigem Fruchtfleisch, das mitsamt den Kernen verspeist wird. Die Baumtomate ist praktisch das ganze Jahr über erhältlich und stammt aus Südamerika und Afrika, wird aber inzwischen auch auf den Kanarischen Inseln angebaut. Die bittersüße Frucht wird auch gern zu Marmelade verarbeitet.

Falls Sie Schwierigkeiten haben sollten, bestimmte Früchte zu finden, hier eine Bezugsadresse, die Ihnen vielleicht weiterhilft:

Auskünfte und Bezug über
Orkosversand exotischer Früchte
Tel.: 0033-1-64 60 21 21
Fax: 0033-1-64 60 21 01
DEUTSCHSPRACHIGE AUSKÜNFTE

Und hier die Adresse für die Arzneimittel von
Dr. Leonhard Hochenegg

Prinz-Eugen-Str. 1
A-6060 Hall bei Innsbruck
Tel.: 0043/5223/53306
Fax: 0043/5223/44887

230

Medizinisches Fachvokabular

Alopecia areata	kreisrunder Haarausfall
Alopecia diffusa	gleichmäßiger Haarausfall
Anämie	Blutarmut
Angina pectoris	Erkrankung der Herzkranzgefäße, anfallartig auftretende Schmerzen hinter dem Brustbein
Anthozyan	Pflanzenfarbstoff
Antikonvulsiva	krampflösende bzw. -verhindernde Medikamente
bakterizid	keimtötend
Betacarotin	das bedeutendste Provitamin A
Blutserum	klare Flüssigkeit, die sich bei der Gerinnung von Blutfaserstoffen und -körperchen abscheidet.
Cholin	chemische Substanz, die für den Gallestoffwechsel unentbehrlich ist; gehört zum Vitamin-B-Komplex
Diastolischer Wert	unterer Blutdruckwert; (*Systolischer Wert* = oberer Blutdruckwert)
Effluoreszenz	»Aufblühen«, Rötung, Pusteln, Flecken auf der Haut aufgrund krankhafter Vorgänge im Körper
endogen	von innen kommend
Eosinophilie	Vermehrung der weißen Blutkörperchen
Epithel	oberste Zellschicht des Haut- oder Schleimhautgewebes

Epithelisation	Bildung von Epithelgewebe
Erithroprosopalgie	Horton-Kopfschmerz, beruht auf einer nerval bedingten Gefäßerweiterung
Essentielle Krankheiten	Leiden, die ein eigenes Erscheinungsbild ohne erkennbare Ursache haben, z. B. Hypertonie
Hämosiderin (Ablagerungen)	eisenhaltiges Abbauprodukt des Hämoglobins (Farbstoff der roten Blutkörperchen)
Hypertonie	Bluthochdruck
Hypoglykämischer Schock	Kreislaufsyndrom aufgrund eines abnorm niedrigen Blutzuckergehalts
Killerzellen	sensibilisierte Lymphozyten, die die Zellsubstanz körperfremder Zellen schädigen
Klimakterium	Wechseljahre, kritischer Zeitraum im Leben der Frau
Konsumierende Krankheiten	verzehrende, auszehrende Leiden
Leukozyten	weiße Blutkörperchen
Lymphozyten	weiße Blutkörperchen, die auch in der Lymphe und im Knochenmark vorkommen; bilden vermutlich Immunkörper gegen Infektionen
Menopause	Wechseljahre der Frau
Metastasen	Tochtergeschwülste
Morbus	Krankheit
Okzipital(kopfschmerz)	Schmerzen, die vom Hinterhaupt ausgehen
Orotat	Orotsäure; wird Magnesium- oder Zinkpräparaten der besseren Resorption wegen zugesetzt

Ovulationshemmer	Medikamente, die den Eisprung verhindern: die »Pille«
Parästhesie	Kribbeln und »Einschlafen« der Glieder
pathogen	Krankheiten erregend oder verursachend
pathologisch	krankhaft
Provitamin	Vorstufe eines Vitamins (z. B. Betacarotin)
Psoriasis vulgaris	typisch ausgebildete Schuppenflechte
Psoriasis arthropathica	mit schmerzhaften Gelenkveränderungen einhergehende Schuppenflechte
Reaktive Depression	als Reaktion auf außergewöhnliche Belastungen seelischer Art erfolgende Depression
Resorption	Aufnahme im Körper
Serum	siehe Blutserum
subkutan	unter der Haut, unter die Haut
T-Lymphozyten	Lymphozyten, die im Thymus gebildet werden
Thrombozyten	Blutplättchen
Thymoleptikum	stimmungsaufhellendes Arzneimittel zur Behandlung von endogenen Depressionen
Tonsillen	Mandeln
Trabekelwerk	Bälkchen, die den Knochen ähnlich einem Fachwerk stabilisieren
Tumormarker	von der Tumorzelle selbst produzierte oder durch bösartiges Wachstum angeregte Substanz, deren Konzentration in Körperflüssigkeiten bestimmt werden kann; gibt Aufschluß über den Grad der Bösartigkeit einer Geschwulst
Uterus	Gebärmutter
Varizen	Krampfadern

Register nach Symptomen
und Rezeptverzeichnis